岩 波 文 庫

34-030-2

政治的なものの概念

カール・シュミット著
[illegible] 訳

岩 波 書 店

Carl Schmitt

DER BEGRIFF DES POLITISCHEN

凡　例

一、本書には次の四種類の版が存在する。各版の相違とその理由は訳者解説で説明する。

Carl Schmitt, „Der Begriff des Politischen,“ in: *Archiv für Sozialwissenschaft und Sozialpolitik*, Bd. 58, 1927.［一九二七年版、BP1と略記する。］

C. Schmitt, *Der Begriff des Politischen*, München / Leipzig, Duncker & Humblot 1932.［一九三二年版、BP2と略記する。］

C. Schmitt, *Der Begriff des Politischen*, Hamburg, Hanseatische Verlagsanstalt 1933.［一九三三年版、BP3と略記する。］

C. Schmitt, *Der Begriff des Politischen*, Text von 1932 mit einem Vorwort und drei Corollarien, Berlin, Duncker & Humblot 1963.［一九六三年版、BP2（63）と略記する。］

さらに、以上の版を比較対照させた次の書が公刊されている。

C. Schmitt, *Der Begriff des Politischen: Synoptische Darstellung der Texte*, Im Auftrag der Carl-Schmitt-Gesellschaft, hg. v. M. Walter, Berlin, Duncker & Humblot 2018.［二〇一八年版、BPSDと略記する。］

二、本書は、このうち、一九三二年版・一九三三年版・一九六三年版を底本とし、一九二七年版・二〇一八年版を参照した。各節の見出しは一九六三年版の目次に従った。

三、（ ）は原文の補足、［ ］は訳者の補足を示す。
傍点は原文の隔字体・イタリック体強調を示す。
太字は一九三二年版・一九三三年版でそれぞれ新たに加筆訂正された箇所を示す。
〈 〉は一九三二年版・一九三三年版でそれぞれ削除された主要な箇所を示す。

四、原注は(1)(2)(3)……で示し、各版本文の後に置く。
訳注は〔1〕〔2〕〔3〕……で示し、各版原注の後に置く。

一九六三年版注記は＊Ⅰ、＊Ⅱ、＊Ⅲ……で示し、一九六三年版序文・補遺の後に置く。

五、段落分けは原則的に底本に従うが、区切る時は［〜］で示す。小活字部分は小字で示す。

六、本書には次の邦訳と英訳が存在し、適宜参照させていただいた。
田中浩・原田武雄訳『政治的なものの概念』（未來社、一九七〇年）。［BP2の邦訳］

菅野喜八郎訳「政治的なものの概念」『カール・シュミット著作集Ⅰ』(慈学社出版、二〇〇七年)。[BP2 の邦訳]

清水幾太郎[・市西秀平]訳『政治の本質』(三笠書房、一九三九年/中央公論新社、二〇一七年)。[BP3 の邦訳]

C. Schmitt, *The Concept of the Political*, Expanded Edition, translated by G. Schwab et al., Chicago / London University of Chicago Press, 2007. [BP2 の英訳]

目　次

政治的なものの概念（一九三二年版）

一九一七年八月二八日モンセルール突撃で戦死した、ミュンヘン出身のわが友アウグスト・シェッツの思い出に[1]

1 〔国家的と政治的〕

国家の概念は政治的なものの概念を前提とする。**今日の用語法によれば**、国家とは、**閉じた領域内に組織された**人民の政治的状態である。こう言っても、われわれは、国家をとりあえず言い換えただけであり、国家の概念を定めたわけではない。ここでは政治的なものの本質が問題であるから、国家の概念を定める必要もない。われわれは、国家の本質が何なのか、機械かそれとも有機体か、人間かそれとも施設か、社会かそれとも共同体か、経営体かそれとも蜜蜂の巣箱か、それどころか、もしかして「手続きの根本的系列」なのかは、そのままにしておいてよい。これらすべての定義とイメージは、過剰な解釈や意味付け・解説・構成を先取りしているから、単純な基本的説明に相応しい出発点にはなりえない。国家とは、その文字通りの意味と**歴史的**現象からすれば、人民の特殊な種類の状態、**しかも決定的場合に決定的役割を果たす状態で**

あり、したがって、多くの考えられる個人的・集合的状態に比べれば、状態そのものである。とりあえず、これ以上言うことはできない。こうした国家観念の指標をなす人民と状態は、政治的なものというさらなる指標によって意味をもつのであり、政治的なものの本質が誤解されれば、理解できなくなる。

政治的なものの明確な定義はほとんど見つからない。政治的なものという言葉は、大抵は、異なる他の概念に対置して、例えば、政治と経済、政治と道徳、政治と法、法の内部でも、政治と私法等[1]のように対置して、もっぱら否定的に使われるだけである。こうした否定的で大抵は論争的な対置によれば、文脈と具体的状況に応じて、充分に明確なことを特徴づけることができるだろうが、これは、まだ「政治に」特有なことを〈一般に〉定めていない。一般に「政治的」とは、何らかの意味で「国家的」と同一視されるか、または少なくとも国家に関係づけられる[2]。その時、国家は政治的なものと思われ、政治的なものは国家的なものと思われる。これは、明らかに不満足な循環論法である。[〜]

法律の専門文献には、こうした政治的なものの言い換えが数多く見られるが、これらの言い換えは、論争的で政治的な意味をもたないかぎり、個々の事例を法律上または行政上決定する実務的で技術的な関心からのみ理解できる。その時、これらの言い換えは、現存の国家を当然のように前提とし、その枠内で動くことによって意味をもつ。そこで、例えば、結社法における「政治的結社」や「政治的集会」の概念に関する判例と文献が見られる。(3) さらにフランス行政法の実務は、政治的動機の概念を立て、その助けを借りて、「政治的な」統治行為を「非政治的な」行政行為から区別し、行政裁判所の統制から引き離そうと試みている。(4)〔～〕

法実務の要求に応じるこうした規定は、要するに、国家内部でその法実務に現れる様々な事実構成要件を限定する実務的論拠を探しているだけであり、政治的なもの一般を定義しようと意図していない。したがって、国家と国家機構を自明で確たるものとして前提にできるかぎり、これらの規定は、国家または国家的なものに関係づければ、充分なのである。政治的なものの一般的な概念規定も、「国家」をさらに指示するか、「国家」に還元する以外に何も含んでいないならば、理解しやすいし、国家が現実に明確ではっきりと特定された勢力であり、非国家的な、まさにそれゆえに「非政治的な」集団や事柄と対立するかぎり、つまり国家が政治的なものを独占しているかぎり、学問的にも正当である。これは、国家が(一八世紀のように)「社会」を対抗者として認めなかった場合、あるいは、少なくとも（一九世紀の間から二〇世紀に入るまでのドイツのように）安定した区別できる権力として、「社会」の上位に存在していた場合に当てはまった。〔…〕

これに対し、民主的に組織された共同体で必然的に生じるように、国家と社会が相互に浸透するにしたがい、つまり、従来は国家的だったすべての事柄が社会的になり、逆に、従来は社会的に「すぎなかった」すべての事柄が国家的になるにしたがい、国家的＝政治的という等式は不正確になり、誤解を招くものになる。その時、宗教・文化・教育・経済という従来「中立的」だった領域は、非国家的で非政治的という意味で「中立的」であるのを止めてしまう。こうした重要な専門領域の中立化と脱政治化に対する論争的な対抗概念として、どの専門領域にも無関心でなく、すべての領域を潜在的に掌握するような、国家と社会が同一な全体国家が現れる。したがって、全体国家では、すべてが少なくとも可能性としては政治的であり、国家に関係づけても、「政治的なもの」を区別する特有の指標を根拠づけることがもはやできない[*I]。

この発展は、一八世紀の絶対主義国家から始まり、一九世紀の（非干渉主義的な）中立的国家を経て、二〇世紀の全体国家にまで至る。カール・シュミット『憲法の番人』（テユービンゲン、一九三一年）七八―七九頁、参照。民主政は、自由主義的な一九世紀に典型的なあらゆる区別と脱政治化を廃止し、国家と社会（すなわち政治的と社会的）の対立とともに、一九世紀の状況に対応するその対置と分離も取り除かざるをえない。特に、政治的対宗教的（宗派的）、政治的対文化的、政治的対経済的、政治的対法的、政治的対学問的という対置、その他の数多くの全く論争的な、したがってそれ自体も政治的な対置を取り除かざるをえない。一九世紀の深遠な思想家たちは、これを早くから認識した。ヤコブ・ブルクハルトの『世界史的考察』（一八七〇年頃）には、民主政に関する次のような命題が見られる。「民主主政は、数千もの異なる起源から寄せ集められた、信奉者の出身階層に応じて極めて異なる世界観だが、一点では首尾一貫している。すなわち、民主政にとり、国家権力は個人に対しどんなに大きくても大きすぎることはないから、民主政は国家と社会の間の境界を消し去り、おそらく社会が実行しないすべてのことを国家に要求し、絶えずすべてを議論可能で変更可能なものにとどめ、最後は、個々の身分階級に労働と生計の固有な権利を回復するよう要求する」。ブルクハルトは、民主政と自由主義的立憲国家の内的矛盾によく気づいていた。「国家は、一面ではあらゆる党派の文化理念を実現し、表現するが、他面では市民的生活の目に見える扮装にすぎず、このためにのみ全能である！　国家は可能なすべてをなしうるが、それ以上何もしてはならない。特にいかなる危機でも、現存の形式を擁護してはならない。結局は、誰もがとりわけ国家の権力行使にも参加したがる。そこで、国家形式はつねに議論可能になり、権力範囲はつねに増大する」(クレーナー版、一三三、一三五、一九七頁)。

ドイツ国家学は、最初はまだ(ヘーゲルの国家哲学体系の影響下に)、国家は社会に対し質的に異なり、高度な存在である点にこだわっていた。社会の上位にある国家は、普遍的と呼ぶことはできたが、(文化と経済に対し)中立的な国家を論争的に否定する今日の意味で、全体的と呼ぶことはできなかった。中立的国家にとり、特に経済とその法は、当然に非政治的なものと見なされた。だが、ロレンツ・フォン・シュタインやルドルフ・グナイストがまだこだわっていた国家と社会の質的相違は、一八四八年以後、その初期の自明さを失っていく。ドイツ国家学の発展は——私の論文「フーゴー・プロイス、その国家概念とドイツ国家学上の地位」(テュービンゲン、一九三〇年)でその大筋を示したが——、多くの限定や留保、妥協の下で、最後は国家と社会の民主政的同一性に至る歴史的発展にしたがっていく。[〜]

この発展の途上での興味深い国民自由主義的中間段階は、A・ヘーネルに見て取れる。ヘーネルは、「国家概念を人間社会一般の概念へと普遍化するのは明らかな誤り」と呼ぶ(『ドイツ国法研究』第二巻(一八八八年)二一九頁、『ドイツ国法』第一巻(一八九二年)一一〇頁)。ヘーネルは、国家を、他の社会組織に付け加わるが、「他の社会組織を超越し、他の社会組織をまとめる特殊な種類の社会組織」と見なす。この特殊な社会組織の共通目的は、確かに「普遍的」であるが、社会的に有効な意志の力を区分し、まとめ上げる特殊な課題、すなわち法固有の機能にある。ヘーネルは、国家が、少なくとも潜在的には、人類のあらゆる社会的目的をその目的とするという意見を、はっきりと不正確だと呼ぶ。したがって、ヘーネルにとり、国家は確かに普遍的だが、決して全体的ではない。決定的な一歩はギールケの団体理論にある(『ドイツ団体法論』第一巻は一八六八年に公刊された)。というのも、ギールケは、国家を、他の結社に本質上等しい団体と捉えるからである。確かに、団体の要素と並んで、支配の要素も国家の本質に含まれるとされ、時には強く、時には弱く力説された。だが、国家の支配理論でなく、まさに団体理論が問題だから、民主政的帰結は不可避だった。民主政的帰結は、ドイツではフーゴー・プロイスとK・ヴォルツェンドルフにより引き出されたのに対し、英国では多元主義理論に至った(これにつき、下記四〇頁)。〔…〕

ルドルフ・スメントの国家統合理論は、私から見れば、それ以外の教訓は別としても、(ドイツ市民層が一九世紀の君主政国家に統合されたように)社会が現存国家の中にもはや統合されず、社会が国家へ自己自身を統合しなければならない政治状況に対応すると思われる。この状況が全体国家を要求することは、モンテスキューとヘーゲルに関するH・トレシャーの学位論文（一九一八年）の命題に対するスメントの注釈に最もはっきりと表れている（『憲法と憲法法』（一九二八年）九七頁、注2）。トレシャーは、ヘーゲルの権力分立論が、「人民団体のすべての活力を国家全体のために獲得するという普遍的目的のため、国家によるすべての社会的領域への生き生きした浸透」を意味すると述べる。スメントは、これが自分の著書で言う「まさに統合概念」だと注釈する。現実には、絶対に非政治的なものをもはや知らず、一九世紀の脱政治化を取り除き、特に国家から自由な（非政治的な）経済と経済から自由な国家という公理に終止符を打つのが全体国家なのである。

2 「政治的なものの基準としての味方と敵の区別」

政治的なものの概念は、政治に特有のカテゴリーを発見し、確定するならば、初めて定められる。つまり、政治的なものは、人間の思考と行為の、相対的に自立した

様々な専門領域に対し、特に道徳的なもの、美的なもの、経済的なものに対し、独自の仕方で作用する固有の基準をもっている。したがって、政治的なものは、特有な意味で政治的な行為すべてを還元できるような固有の究極的区別の中にあるはずである。道徳的領域では、善と悪の究極的区別があり、美的領域では美と醜の区別があり、経済的領域では有利と有害の区別、または採算が合うと合わないという区別があると想定しよう。その場合に問題となるのは、**他の区別と同じ種類でなく、類似もしないが、他の区別から独立して自立した**、それ自体ですぐに理解できる特殊な区別が、**政治的なものの単純な基準として**存在するかどうか、その区別はどこにあるかである。

政治的な行為と動機を還元できる政治に特有の区別とは、味方と敵の区別である。**この区別は、完璧な定義や内容説明としてではなく、基準という意味での概念規定を可能にする。**この区別は、**他の基準から導き出せないかぎり、**政治的なものにとり、道徳における善と悪、美における美と醜のような、他の対立の相対的に独立した基準に対応する。いずれにせよ、この区別は、**独自の新しい専門領域という意味ではなく、**他の対立の一つまたはいくつかに基づかず、他の対立に還元できないという意味で、自立的である。*II 善と悪の対立が、そのまますぐに美と醜の対立や有利と有害の対立と同じでなく、直ちにこれらの対立に還元してはならないならば、味方と敵の対立は、それ以上に、他の対立のいずれかと取り違えて混同してはならない。味方と敵の区別は、**結合または分離、連合または離反の最も強力な強さの程度を表すという意味をもっている**。[2] 道徳的・美的・経済的・その他のすべての区別が［味方と敵の区別と］同時に適用される必要はなくても、味方と敵の区別は、理論的にも実践的にも存在できる。政治的敵は、道徳的に悪である必要はないし、美的に醜い必要もない。政治的敵は、経済的競争者として現れる必要はないし、政治的敵と取引するのは、もしかしたら有利とすら思われるかもしれない。政治的敵とは、まさに他者であり、他人である。特に強い意味で実存的に言って、他者であり、他人であるというだけで、政治的敵の本質には充分である。そこで、極端な場合には、敵との紛争が起こりうるが、この紛争は、予め一般的規範を設定しても、また「関与しない」がゆえに「非党派的な」第三者が判定しても、解決できない。［〜］

すなわち、ここでは、実存的に参加し、関与するならば、初めて正しく認識し、理解できるし、それとともに、口をはさんで判断する権限も得られる。関与する当事者だけが、極端な紛争の事例を自分自身で解決できる。特に、具体的に存在する紛争の

事例では、他人の他者的あり方が自分自身の実存の否定を意味するのか、したがって、存在に応じた自分自身の生活を維持するため、防御し、闘争するのか、当事者一人一人がもっぱら自分自身で決定できる。現実の心理では、敵は、すぐに悪しきもの、醜いものと扱われる。というのも、あらゆる区別は、そして、もちろん大抵の場合、最も強力で強烈な区別とグループ分けである政治的な区別は、利用できる他のあらゆる区別を、自分の支持者へと引き入れるからである。これは、こうした〈特有な〉対立の自立性を何ら変更しない。したがって、逆のことも当てはまる。道徳的に悪であり、美的に醜い、あるいは経済的に有害であることが、それだからといって、まだ敵である必要はない。道徳的に善であり、美的に美しく、経済的に有益であることが、言葉の特有な意味で、すなわち政治的意味で、まだ味方にはならない。味方と敵というこうした特有な対立を他の区別から切り離し、自立的なものとして把握できる可能性の中に、政治的なものの、存在に応じた客観性と自立性がすでに示されている。

3 ［敵対関係の現象形態としての戦争］

味方と敵の概念は、具体的・実存的な意味で解釈しなければならない。隠喩または象徴として解釈してはならず、経済的・道徳的・その他の観念に混入されて弱められるのでなく、**ましてや私的・個人主義的な意味で**私的感情や傾向の心理的表現として解釈してはならない。味方と敵の概念は、規範的対立ではなく、「**純粋に精神的**」対立でもない。自由主義は、**自由主義に典型的な**（**下記第八節**で詳しく扱われる）**精神と経済のディレンマの中で**、敵を**取引**面からは競争相手へと、**精神**面からは討論の反対者へと**解消**しようと試みた。確かに、経済的なものの領域では、敵でなく、競争相手だけが存在し、**すっかり**道徳化されて倫理化された世界では、**おそらく**討論の反対者だけが存在するだろう。しかし、**諸国民が**、相変わらず現実には、味方と敵に**グループ分けする**のを、非難すべきだと考えるのか、そこに、おそらくは野蛮な時代の先祖返り的な残余を見出し、いつかは味方と敵の区別が地上から消え去るだろうと望むのか、およそ敵はもはや存在しないと教育的理由から仮定するのがおそらくは良くて正しいのか、これらすべてはここでは問題にならない。ここで問題なのは、擬制や規範でなく、存在に応じた現実のあり方や味方と敵の区別の現実的可能性である。先のような望みと教育的努力を共有できようができまいが、諸国民が、〈今日まで〉味方と敵の対立にしたがいグループ分けし、この対立が、今日もまだ現実には、政治的に実存するあらゆる人民にとり、現実的可能性として存在するのを、理性的には否定できない。

そこで敵は、競争相手でも敵対者一般でもない。敵は、**反感的感情**で憎む私的敵対者でもない。敵とは、少なくとも場合により、すなわち現実的可能性として闘争する人間総体であり、同様な人間総体に対立する人間総体である。公的な敵のみが敵である。というのも、こうした人間総体、とりわけ人民全体に関係するすべてのことは、それにより公的になるからである。敵は、ラテン語の公敵(hostis)であり、広義の私敵(inimicus)でない。ギリシア語の戦争敵(polemios)であり、私敵(echthros)でない(5)。他の言語と同じく、ドイツ語も私敵と政治的敵を区別しないから、ここでは、多くの誤解と歪曲が起こりうる。多く引用される［聖書の］箇所「汝の敵を愛せ」(「マタイ福音書」第五章四四節、「ルカ福音書」第六章二七節)は、「汝の私敵(inimicus, echthros)を愛せ」であり、「汝の公敵(hostis)を愛せ」ではない。政治的敵は問題ではない。*Ⅲ キリスト教とイスラム教の千年間の戦争でも、キリスト教徒は、サラセン人やトルコ人への愛ゆえに、欧州を守らず、イスラムに明け渡さなければならないという思想には決して達しなかった。政治的意味の敵を個人的に憎む必要はなく、自分の「敵」、すなわち敵対者を愛するのは、私的領域において初めて意味をもつ。あの聖書の箇所は、善と悪、美と醜の対立を廃止しようとしないばかりか、はるかそれ以上に、政治的対立に触れない。聖書の箇所は、とりわけ、自国民の敵を愛し、自国民に反して敵を支持すべきだとは述べない。

政治的対立は最も強烈で極端な対立であり、あらゆる具体的な対立状態は、味方と敵のグループ分けという極端な地点に近づけば近づくほど、それだけ政治的になる。国家は、全体として自分自身で味方と敵を決定する組織された政治的統一だが、この国家の内部では、さらに第一義的に政治的な決定と並んで、なされた決定に守られて、多くの第二義的に「政治的なもの」の概念が生じる。最初に、先に第一節で扱った政治的なものと国家的なものの同一視の助けを借りれば、例えば、「国家政治的」態度を政党政治的態度に対置し、国家そのものの宗教政治、学校政治、自治体政治、社会政治等を語ることができる。しかし、ここでも、あらゆる対立を包括する国家の政治的統一の実存により相対化されているが、国家内部の対立と敵対が、つねに政治的なものの概念を構成している(6)。最後に、一層弱められているが、寄生的存在や漫画的存在にまで歪められた種類の「政治」が発展する。それは、本来の味方と敵のグループ分けの中で、何らかの敵対的契機のみが残されたものであり、この契機は、あらゆる種類の戦術と策略、競合と陰謀に表れており、極めて奇妙な取引と操作を「政治」と名付ける。だが、「緊急事態」の意識が全く失われた場合でも、通常の用語法そのものは、具体的対立状態への関係づけが政治的関係の本質を含んでいることを言い表している。

これは、すぐに確認できる二つの現象において日常的に目に見える。第一に、あらゆる政治的な概念・観念・言葉は、論争的な意味をもっている[3]。それらは、具体的な対立状態を念頭に置いており、(戦争や革命に表れる)味方と敵のグループ分けを最終的帰結とする具体的状況に結びついているから、この状況がなくなれば、空虚な幽霊じみた抽象と化する。国家、共和国(7)、社会、階級、さらには主権、法治国、絶対主義、独裁、計画、中立的国家または全体国家等の言葉は、こうした言葉が、具体的に誰を指し、誰と闘い、誰を否定し、誰を反論するべきかを知らなければ、理解できなくなる。(8) 論争的性格は、とりわけ「政治的」という言葉自体の用語法も支配している。それは、敵対者を(具体的なものを見誤る、世間知らずの意味で)「非政治的」と見せかけようが、逆に敵対者を「政治的」と呼び、資格剥奪して中傷し、自分自身を(純粋客観的・純粋学問的・純粋道徳的・純粋法律的・純粋美学的・純粋経済的な意味で、あるいは似たような論争的純粋さに基づき)「非政治的」と呼び、敵対者よりも優位に立とうが、どちらでもよい。〔…〕

第二に、国内の日常的論争の表現方法では、「政治的」は、今日しばしば「政党政治的」と同じ意味で使用される。あらゆる政治決定に避けがたい「非客観性」は、あらゆる政治行動に内在する味方と敵の区別を反映するものにすぎないが、この場合、非客観性は、政党政治的な官職補充と利権政治の浅ましい形式と視野の中に表れる。そこから生じる「脱政治化」の要求は、政党政治等の克服を意味するにすぎない。「国家」の包括的な政治的統一はあらゆる国内政治的政党とその対立状態を相対化するという思想がその力を失い、したがって、国内での対立が、他国に対する共通の対外政治での対立よりも強い強度をもつようになれば、政治的＝政党政治的という等式が可能になる。国家内部で、政党政治的対立がすっかり政治的対立「そのもの」となったならば、「国内政治的」系列の最高の程度に到達している。対外政治での味方と敵のグループ分けでなく、国内での味方と敵のグループ分けが、武装した対決にとり決定的になる。政治につき語りうるには、闘争の現実的可能性はつねに存在していなければならないが、こうした「内政の優位」の場合、この可能性は、当然の帰結として、もはや組織された国民的統一（国家または帝国）の間の戦争ではなく、内戦に関係してくる。

　というのも、敵の〈真の〉概念には、闘争が現実の領域で偶発する可能性が含まれるからである。〔闘争という〕この言葉では、歴史的発展から生じた戦争技術と武器技術のあらゆる偶然的変化は度外視しなければならない。戦争は、**組織された政治的統一**の間の武装した闘争であり、**内戦は、（問題になりつつある）組織された統一の内部の武装した闘争である。**武器の概念において本質的なことは、人間を物理的に殺戮する手段が問題であることである。敵という言葉と同じく、ここで闘争という言葉は、存在に応じた本来の状態の意味で理解しなければならない。それは、競争も意味しないし、討論の「純粋精神的」闘争も意味しないし、最終的にあらゆる人が何らかの仕方でつねに行っている象徴的「格闘」も意味しない。というのも、とにかく人間の生活全体が「闘争」であり、あらゆる人は「闘争者」だからである。味方、敵、闘争の概念は、とりわけ物理的殺戮の現実的可能性に関係し、関係し続けることによって、現実的意味をもつ。戦争は敵対関係から生じる。というのも、敵対関係は、他者の存在の、存在に応じた否定だからである。戦争は、敵対関係の最も極端な実現にすぎない。戦争は、日常的なもの、正常なものである必要はないし、理想的なもの**または望ましいもの**と感じられる必要もないが、敵の概念が意味をもつかぎり、戦争はおそらく現実の可能性としてとどまり続けなければならない。

そこで、これは、政治的実存が血腥《ちなまぐさ》い戦争にほかならず、あらゆる政治的行為が軍事的闘争行為である**かのような意味では決してない**し、あらゆる国民が他の国民に対して、絶えず持続的に味方か敵かという選択を迫られており、政治的に正しいことがまさに戦争の回避にはない**かのような意味では決してない**。ここでなされた政治的なものの定義は、**好戦的**でも軍国主義的でもなく、帝国主義的でもなければ、平和主義的でもない。この定義は、**勝利する**戦争**または成功する革命**を「社会的理想」と見せかける試みでもない。というのも、戦争**や革命**は、「社会的なもの」でもなければ、

「理想的なもの」でもないからである。(9) 軍事的闘争そのものは、それ自体で捉えれば、クラウゼヴィッツの有名な言葉が大抵は不正確に引用されるように、(10)「他の手段による政治の継続」ではなく、戦争としては、固有の戦略的・戦術的・その他の規則と観点をもっているが、これら規則と観点はすべて、誰が敵かという政治的決定がすでになされているのを前提とする。戦争では、敵対者は、大抵は公然と敵対者同士で対立し、通常は「制服」で特徴づけられるから、味方と敵の区別は、もはや闘争する兵士が解決すべき政治的問題ではない。「政治家は、兵士よりも良く、闘争のため訓練されている。というのも、政治家は生涯闘い続けるが、兵士は例外的にのみ闘うからだ」という英国外交官の述べた命題は、この意味で正しい。戦争は、決して政治の目標や目的でなく、政治の内容ですらないが、おそらく現実の可能性としてつねに存在する前提であり、この前提が、人間の思考と行為を独特の仕方で決定し、それにより政治に特有の態度を生み出すのだ。［〜］

そこで、味方と敵の区別という基準は、特定の国民が永遠に他の特定の国民の味方や敵でなければならないとか、中立性が不可能であり、政治的に意味をもちえないとかを決して意味しない。ただ、中立性の概念は、あらゆる政治的概念と同様に、味方と敵のグループ分けの現実的可能性というこの最終的前提の下にある。もし地上に中立性のみが存在するならば、戦争だけでなく、中立性そのものも終わるだろうし、それは、もし闘争一般の現実的可能性がなくなれば、あらゆる政治とともに、闘争を回避する政治も終わるのと同様だろう。重要なのは、つねにもっぱら、現実の闘争というこの決定的場合の可能性であり、この場合が存在するか否かに関する決定である。［…］

この場合が例外的にのみ生じることは、その決定的性格を否定せず、**むしろこれを根拠づける**。今日戦争が、以前のように数多く日常的には起こらないとしても、戦争の数的頻度と日常性が減少したのと同じ程度に、おそらくはそれ以上の強度で、戦争の圧倒的・全体的な重みは増大した。今日もまだ、戦争という事態は「緊急事態」である。他の場合と同じく、ここでも、例外事態こそ、とりわけ決定的で、**物事の核心を暴き出す**意味をもつと言える。というのも、現実の闘争の中で初めて、味方と敵の政治的グループ分けの最も極端な帰結が示されるからである。人間生活は、この極端な可能性から、政治に特有の緊張を手に入れる。

こうした闘争の可能性が**すっかり取り除かれ、消え失せた世界、つまり最終的に平**

和になった地球は、味方と敵の区別なき世界であり、したがって、政治なき世界であろう。こうした世界にも、おそらく様々に極めて**興味深い**対立**や対比**、**あらゆる種類の競争や陰謀**が存在するだろうが、有意義なことに、人間から生命の犠牲を望むことができ、人間に、血を流して他人を殺戮する権限を与えるような対立は存在しないだろう。ここでも、こうした政治なき世界を理想状態として待ち望むかどうかは、政治的なものの概念規定にとり、重要ではない。政治的なものの現象は、味方と敵のグループ分けの現実的可能性に関係づけるならば、初めて把握できるのであり、そこから、政治的なものに対し、どんな宗教的・道徳的・美的・経済的な価値評価が生じるかはどうでもよい。〔…〕

最も極端な政治的手段である戦争は、あらゆる政治的観念の根本に存在する味方と敵の区別の可能性を明らかにする。したがって、戦争は、この区別が人類において現実に存在するかぎり、少なくとも現実に可能であるかぎりでのみ、意味がある。**これに対し**、「純粋に」宗教的・「純粋に」道徳的・「純粋に」法律的・「純粋に」経済的な動機からなされる戦争は、意味に反する。人間生活のこれら専門領域の特有な対立から、味方と敵のグループ分けは導き出せず、したがって、戦争も導き出せない。戦争は、敬虔なものでも、道徳的に善いものでも、採算がとれるものでもある必要はない。今日、おそらく戦争はこれらすべてのどれでもない。この単純な認識は、宗教的・道徳的・その他の対立が**政治的対立まで高まり**、味方と敵の決定的なグループ分けを引き起こすことにより、**大抵は**混乱してしまう。だが、この闘争上のグループ分けに至るならば、重要な対立は、純粋に宗教的でも、道徳的でも、経済的でもなく、政治的なのである。その場合につねに問題となるのは、こうした味方と敵のグループ分けが、現実の可能性として、または現実のあり方として存在するか否かにすぎず、どんな人間的動機が、こうしたグループ分けを引き起こすほど強力なのかはどうでもよい。[…]

何事も、政治的なもののこの帰結から逃れることはできない。戦争に対する平和主義の敵対が強いため、**平和主義者を**非平和主義者に対する戦争へ、「戦争に対する戦争」[4]へと駆り立てるならば、平和主義の敵対は、現実に政治的力をもっていると証明されただろう。というのも、平和主義の敵対は、人間を味方と敵にグループ分けするほど強いからである。戦争を妨げる意志が、戦争そのものをもはや恐れないほど強いならば、この意志は、同様に政治的動機となっている。すなわち、戦争反対の意志は、極端な場合にすぎないとしても、戦争と戦争の意味すらも肯定している。現在では、これは、とりわけ有望な種類の戦争の**正当化**であるように見える。その場合、戦争は、その都度「人類最後の最終的戦争」の形で演じられる。こうした戦争は、必然的に、とりわけ強烈で非人間的な戦争である。というのも、こうした戦争は、政治的なものを超越しつつ、敵を同時に道徳的その他のカテゴリーにおいて貶め、もはや防御するだけでなく、完全に絶滅するべき非人間的怪物、もはや**その領土内に追い返すべき敵**でない存在にせざるをえないからである。[*IV] しかし、こうした戦争の可能性の中に、戦争が今日もまだ現実の可能性として存在していることが特にはっきりと示されている。これこそ、味方と敵の区別と政治的なものの認識にとり、唯一重要なのである。

4 ［政治的統一の形式としての国家、多元主義による疑問視］

どんな宗教的・道徳的・経済的・倫理的・その他の対立も、人間を味方と敵に有効にグループ分けするほど強力ならば、政治的対立に転化する。政治的なものは、それ固有の技術的・心理的・軍事的法則をもつ闘争そのものにはなく、すでに述べたように、この［闘争の］現実的可能性に規定された態度に、つまりこれに規定されたそれ固有の状況の明確な認識と、味方と敵を**正しく**区別する**課題**にある。宗教共同体が宗教共同体として戦争を遂行するならば、他の宗教共同体の成員に対する戦争であれ、その他の戦争であれ、それは、宗教共同体を超えて、政治的統一である。それは、あの決定的出来事［戦争］にもっぱら否定的な意味で働きかける可能性をもつ場合も、すなわち成員への禁止命令により戦争を妨げ、敵対者の敵対的特質を決定的に否定できる場合も、政治的勢力である。同じことは、経済的基礎に基づく人間の結社、例えば**産業コンツェルンまたは**労働組合にも当てはまる。言葉のマルクス主義的意味での「階級」も、この決定的地点に到達するならば、すなわち階級「闘争」を真剣に受け止め、階級上の敵対者を現実の敵として扱い、**国家対国家であれ**、**国家内部の内戦であれ**、敵対者と闘うならば、純粋に経済的であるのを止めて、政治的勢力になる。その場合、現実の闘争は、必然的に、もはや経済法則にしたがい演じられるのでなく、最狭義の技術的意味での闘争**方法**と並んで、その政治的な必然性と指向性、**連合**、**妥協等**をもつ。プロレタリアートが国家内部で政治権力を奪取するならば、まさにプロレタリア国家が成立しており、この国家は、国民国家、**聖職者国家・商人国家・軍人国家**、官僚国家、または何か他のカテゴリーの政治的統一に劣らず、政治的産物である。人類全体をプロレタリアとブルジョアの対立にしたがい、労働者国家・資本家国家におけ る味方と敵にグループ分けするのに成功するならば、そしてあらゆる他の味方と敵のグループ分けがそこに解消されるならば、最初は「純粋」経済的と見えた概念が政治的なものの完全な現実性を獲得したと分かる。国民内部の一階級または他の集団の政治的力が広範囲に及ぶならば、あらゆる対外的戦争を妨げることができるが、国家権力を掌握し、**自発的に味方と敵を区別し**、必要な場合には戦争を遂行する能力と意志を自らもたないならば、政治的統一は**破壊されて**しまう。

政治的なものは、人間生活の様々な領域から、つまり宗教的・経済的・道徳的・その他の対立から、その力を引き出す。**政治的なものは、何ら固有の専門領域を示さず、人間の連合または離反の**強さの程度のみを示す。**人間が連合しまたは離反する動機は、宗教的・（民族的または文化的意味で）国民的・経済的・その他の種類でありうるし、異なる時代には異なる結合と分離を生じさせる。**現実の味方と敵のグループ分けは、存在に応じて強力で決定的意味をもつから、非政治的対立は、このグループ分けを生じさせる瞬間に、従来の「純粋」宗教的・「純粋」経済的・「純粋」文化的基準と動機を後退させ、政治化した状況の全く新しい固有な条件と帰結、そして「純粋」宗教的・「純粋」経済的・その他の「純粋な」出発点から見れば、しばしば極めて一貫せず、「非合理的」な条件と帰結に支配される。いずれにせよ、緊急事態に対応するグループ分けはつねに政治的である。したがって、政治的グループ分けはつねに標準的な人間のグループ分けであり、そこで、政治的統一が存在するならば、政治的統一はつねに標準的な統一であり、例外事態であっても、標準的事態に対する決定が、概念上必然的につねに政治的統一に掌握されなければならないという意味で、「主権をもつ」。〔…〕

ここで「主権」という言葉は、「統一」という言葉と同じく、特別な意味をもつ。両方の言葉は、政治的統一に含まれるすべての人間の個別的生活が、政治的なものから決定され、命令されなければならないとか、中央集権化された体系が、あらゆる他の組織や団体を絶滅すべきであるとか、決して意味するわけでない。経済的観点は、経済的に中立的と自称する国家の政府が意欲するよりも強力であるかもしれないし、同様に、宗派的に中立的と自称する国家の権力は、宗教的確信には容易にかなわないだろう。重要なのはつねに紛争の事態だけである。経済的・文化的・宗教的対抗勢力が、緊急事態に対する決定を自発的になしうるほど強力ならば、対抗勢力は、まさに政治的統一の新たな実質になっている。対抗勢力が、彼らの利害と**原理**に反して決定された戦争を阻止できるほど強力でないならば、彼らは政治的なものの決定的地点に達していないと分かる。対抗勢力が、国家指導により意欲されるが、彼らの利害や**原理**に反する戦争を阻止できるほど強力であるが、自分で自発的に自分の決定に従い戦争を規定できるほどには強力でないならば、統一的な政治的勢力はもはや存在しない。事情がどうあろうが、有効な敵に対する有効な戦争という緊急事態の可能性に応じて、政治的統一は、必然的に味方と敵のグループ分けにとり標準的な統一であり、（何か絶対主義的意味でなく）この意味で主権をもつか、それとも政治的統一はそもそも存在しないか、このいずれかである。

人々は、国家内部の経済的結社がどれほど大きな政治的意味をもつかを認識し、とりわけ労働組合が成長し、その経済的権力手段であるストライキに対し国家の法律が相当無力だと気づいた時、国家の死滅と終結を早まって宣言した。これは、私の知るかぎり、一九〇六年と一九〇七年以後初めて、フランス・サンディカリストの本来の教義として起こった。(11) この文脈に入る国家理論家のうち、デュギーは最も有名な理論家である。デュギーは、一九〇一年以来、主権概念と国家の人格という観念を論駁しようと試みた。そして、無批判的な国家形而上学と、最終的には君主絶対主義世界の残余物にすぎない国家の人格化に対し、多くの適切な反論を行ったが、本質的には主権論本来の政治的意味を捉えそこなった。同様なことは、少し遅れて英米諸国で現れた、G・D・H・コールとハロルド・J・ラスキのいわゆる多元主義的国家理論にも当てはまる[12]。その多元主義は、国家の主権的統一、すなわち政治的統一を否定し、個々の人間は数多くの様々な社会的絆や結合の中に生きていると繰り返し強調する。人間は宗教団体の一員、国民の一員、労働組合の一員、家族の一員、スポーツ・クラブの一員、他の多くの「結社」の一員であり、これら結社は、場合に応じて様々な強さで個人を左右し、「誠実義務と忠誠心の多元性」へと義務づけるが、これら結社の一つが無条件に標準的で主権をもつと言うことはできない。むしろ様々な「結社」は、様々な領域で最も強力だと証明されうるし、忠誠心と誠実の絆の間の紛争は、もっぱら場合に応じて解決できる。例えば、労働組合がもはや教会に通わないというスローガンを掲げるにもかかわらず、組合の一員が教会に通う一方で、同時に労働組合から脱退せよという教会の要請に同様に従わないことは考えられる。

この例では、宗教団体と職業団体の並列が、国家への対立で共通するため、教会と労働組合の同盟になりうる点で、特に目立っている。両者の並列は、英米諸国で現れた多元主義に典型的である。多元主義理論の出発点は、ギールケの団体理論と並んで、特にJ・ネヴィル・フィッギスの書『近代国家における教会』（一九一三年）だった。[13] ラスキが繰り返し引き合いに出し、明らかに彼に大きな感銘を与えた歴史的出来事は、ビスマルクがカトリック教会と社会主義者に対し同時にとり、同様に成功しなかった措置である。ローマ教会に対する「文化闘争」では、ビスマルク帝国の不屈の力をもつ国家すら、絶対に主権的で全能ではないことが示された。同様にこの国家は、社会主義的労働者階層に対する闘争では勝利せず、経済的領域では、「ストライキ権」に潜む力を労働組合から奪い取ることができなかった。〔…〕

　この批判はかなりの程度当たっている。国家の「全能」という表現は、実際にはしばしば神の全能という神学的公式の表面的な世俗化にすぎない。国家の「人格」という一九世紀ドイツの理論は、一部は、「絶対」君主の人格に向けられた論争的アンチ・テーゼであり、一部は、君主主権か人民主権かというディレンマを避けて、「高次の第三者」たる国家に逃げ込むことだった。だが、これでは、（ここで厳密でない自由主義的な「社会的なもの」の概念を受け入れてよければ〕どんな「社会的統一」が紛争事態を解決し、味方と敵への標準的グループ分けを左右するか、という問いはまだ答えられていない。教会も労働組合も、両者の同盟も、ビスマルク統治下のドイツ帝国が**遂行しようとした**戦争を禁じなかったし、阻止しなかっただろう。もちろん、ビスマルクは教皇に対し宣戦できなかったが、それは教皇自身が交戦権をもたなかったからにすぎない。**社会主義的労働組合も、「交戦国」として登場しようとは考えなかった**。いずれにせよ、当時のドイツ政府が緊急事態に関する決定を下した場合、自分が政治的敵となり、この敵概念の帰結に見舞われることなく、この決定に対抗できるか、**対抗しようとする**機関は考えられなかっただろう。**逆に教会も労働組合も内戦には応じなかった**[14]。これは、主権と統一の理性的概念を根拠づけるには充分である。政治的統一は、まさに本質上、標準的統一であり、どんな力から究極の心理的動機を引き出そうがどうでもよい。政治的統一は、存在するか存在しないかのいずれかである。政治的統一は、存在するならば、決定的事態で左右する最高の統一である。

国家が統一であり、しかも標準的統一であることは、その政治的性格に基づく。多**元主義理論は、社会団体の連邦主義により統一に達する国家の理論か、それとも国家**

解体または国家否定の理論にすぎない。多元主義理論が国家の統一を否定し、国家を「政治的結社」と見て、他の結社、例えば宗教的結社や経済的結社と並列し、本質上等しいとするならば、特に政治的なものに特有な内容への問いに答えなければならない。だが、ラスキの多くの著書では、つねに国家・政治・主権・「政府」が話題であるにもかかわらず、どこにも政治的なものの一定の定義を見出せない。国家は、簡単に、他の結社と競合する一つの結社へ転化する。国家は、国家の内外に存在する他の多くの社会の間で、他の多くの社会と並ぶ一つの社会になる。これがこの国家理論の「多元主義」である。**その鋭い感覚は、**国家の以前の過大視に対し、国家の「高権」**と「人格」**に対し、最高の統一の「独占」に対し反対するが、では**政治的統一**とはそもそも何であるべきか、不明なままである。この国家理論は、時には古い自由主義的仕方で、本質的に経済的に規定された社会の単なる奉仕者として、時には多元主義的に、特殊な種類の社会、すなわち他の結社と並ぶ一結社として、**時には最後に、社会団体の連邦主義の産物または結社の中の一種の上位結社として**現れる。だが、どんな根拠から人間が、宗教的・文化的・経済的・その他の結社と並んで、なおも政治的結社、**「統治する結社」**を形成するのか、この最後の種類の結社の特に政治的な**意味**はどこにあるのか、とりわけ説明しなければならないだろう。ここには、思考過程の確実で明確な筋道を認識できない。最後の包括的な、決して多元主義的でなく、全く一元主義的で普遍的な概念として、コールでは「社会」が、ラスキでは「人類」が現れる。〔…〕

この多元主義的国家理論は、とりわけそれ自身が多元主義的である。すなわち何の統一的中心をもたず、その思想的動機を全く異なる理念領域(宗教・経済・自由主義・社会主義等)から引き出す。多元主義的国家理論は、あらゆる国家理論の中心概念である政治的なものを無視し、団体の多元主義が、連邦主義的に構築された政治的統一に至る可能性を論議しない。多元主義的国家理論は、全く自由主義的個人主義にとらわれたままである。というのも、それは、最終的に、自由な個人とその自由な結社に仕え、一つの結社を他の結社に対抗させて利益を得る以外に何もせず、あらゆる問題と紛争は、個人の手によって解決されるからである。実際には、政治的「社会」や政治的「結社」は存在せず、政治的統一、政治的「共同体」のみが存在する。単に社会的で結社的なものを超えて、特に異なるもの、残りの結社に対し決定的なものである標準的統一を創り出すためには、味方と敵のグループ分けの現実的可能性で充分である。[15] この統一自体が偶発時になくなれば、政治的なもの自体もなくなる。政治的なものの本質が認識されず、考慮されない間にのみ、政治的「結社」を、多元主義的に宗教的・文化的・経済的・その他の結社に並置し、これら結社と競合させることができる。ただし、下記**第六節**に示すように、政治的なものの概念から多元主義的帰結が生じるが、それは、統一とともに政治的なもの自体も破壊されることなく、同じ政治的統一の内部で、標準的な味方と敵のグループ分けに代わり、多元主義が現れるという意味ではない。

5

［戦争と敵に関する決定］

本質的に政治的統一である国家には、交戦権、すなわち場合によって自分自身の決定で敵を定め、敵と闘う現実の可能性が必要である。**政治的に統一した**人民が、自分の実存と独立のため闘う用意があり、自分の独立と自由がどこにあるか、自分の決定で定めるかぎり、どんな技術的手段で闘争がなされようが、どんな軍隊組織が存在しようが、戦争に勝つ見込みがどれほど大きいか、ここではどうでもよい。軍事技術が発展した結果、おそらく、勝つ見込みがある戦争を行えるだけの工業力を備えるのはわずかの国家だけにとどまり、正しい同盟政策により自立性を保つのに成功しなければ、弱小国家は、自発的にまたは必要に迫られて、交戦権を放棄するに至ると思われる。この発展により、戦争や国家や政治がそもそもなくなったことは証明されない。人類の歴史と発展の無数の変化や変革は、それぞれ、政治的グループ分けの新たな形式と新たな次元を生み出し、以前存在した政治組織を破壊し、対外戦争と内戦を呼び起こし、組織された政治的統一の数を時には増し、時には減らした。

標準的な政治的統一である国家は、戦争を遂行し、公然と人間の生命を自由に使用する可能性という途方もない権限を独占した。というのも、交戦権は、こうした自由な使用を含んでいるからである。交戦権は、自分自身の国民の一員から死ぬ用意と殺す用意を要求し、敵側にある人間を殺すという二重の可能性を意味する。正常な国家の機能は、とりわけ、国家とその領域の内部で完全な和平をもたらし、「平穏・安全・秩序」を確立し、それにより、正常な状況を創り出すことにある。正常な状況は、法規範がそもそも効力をもつための前提である。というのも、あらゆる規範は正常な

状況を前提とし、どんな規範も全く異常な状況には効力をもたないからである。［〜］

　国内の和平が必要であるため、危機的状況では、国家が存続するかぎり、国家は政治的統一として自発的に「内敵」をも定めるまでになる。したがって、すべての国家には、ギリシア共和国の国法が戦争敵(polemios)宣言、ローマ国法が公敵(hostis)宣言と呼んでいたものが何らかの形で存在する。厳格であれ、穏和であれ、事実上始まるのであれ、特別法に基づき司法形式で効力をもつのであれ、公然であれ、一般的言い換えに隠れてであれ、様々な種類の法的保護剝奪、破門、政敵追放、追放、法益剝奪、一言で言えば、国内の内敵宣言が存在する。これは、国家の敵と宣言された者の態度に応じて、内戦の徴である。すなわち、内部で和平を達成し、領土的に閉じた、他者の入り込めない、組織された政治的統一である国家の解体する徴である。その場合、内戦を通じて、この政治的統一の今後の運命は決定される。これは、憲法法律による国家の拘束にもかかわらず、他の国家に劣らず、むしろ他の国家以上に当然に、立憲的・市民的法治国に当てはまる。というのも、ロレンツ・フォン・シュタインが言うように、「立憲国家」では、憲法は「社会秩序の表現であり、公民社会の実存そのものである。したがって、憲法が攻撃されるや否や、闘争は、憲法と法の外部で、つまり武器の力で決着しなければならない」からである。

ギリシア史では、デモファントスの人民決議が最も有名な事例だろう。アテネ人民が四〇〇人委員会追放後、紀元前四一〇年に行った人民決議は、アテネ民主政を解体しようと企てた者は誰でも、「アテネ人民の戦争敵(polemios)」だと宣言した。さらなる事例と文献は、ブーゾルト‐スヴォボダ『ギリシア国家学』第三版、一九二〇年、二三一、五三二頁。スパルタのエフォロス(監督官)による、国内在住のヘイロテス(奴隷)に対する毎年の戦争宣言につき、同上、六七〇頁。ローマ国法の公敵(hostis)宣言につき、モムゼン『ローマ国法』第三巻、一二四〇頁以下。政敵追放につき、同上、第二巻、七三五頁以下。追放、法的保護剥奪、破門につき、ドイツ法制史の周知の教科書と並んで、とりわけ、E・アイヒマン『中世帝国法の法的保護剥奪と破門』一九〇九年。オラール『フランス革命の歴史』には、ジャコバン派と公安委員会の実務から法益剥奪の数多くの事例が見出される。E・フリーゼンハーン『政治的誓約』一九二八年、一六頁、で引用された公安委員会の報告は強調しなければならない。「フランス人民がその意志を表明して以来、その意志に反するすべては主権者の外部にあり、主権者の外部にあるすべては敵である。人民とその敵の間には、剣以外に共通なものはない」[*V]。追放は、特定の宗派や党派の一員には平和的または合法的な信条が欠けていると推定される仕方でも行われうる。この無数の事例は異教徒や異端者の政治史に見出されるが、ニコラス・デ・ヴェルヌルス（『一つの、様々な宗教』一六四六年）の以下の議論がこれを特徴づける。異教徒は、たとえ平和的であっても、国内で寛容してはならない。というのも、異教徒のような人間は決して平和的でありえないからだ（H・J・エリアス「教会と国家」『ベルギー文献学・歴史学雑誌』第五巻（一九二七年）二・三号、に引用）。弱い形の公敵（hostis）宣言は、差押え・国外追放・結社と集会の禁止・公職追放等、無数に様々に見られる。先に引用したロレンツ・フォン・シュタインの一節は、『フランスにおける社会運動の歴史　第一巻、社会の概念』G・ザロモン版、四九四頁、におけるフランスの王政復古と七月王政の政治的・社会的発展の記述に見出される。

実刑判決の形で人間の生と死を自由に使用する権限、すなわち生殺与奪の権は、政治的統一の内部に存在する他の結合にも、例えば家族や家族の長にも与えられるが、政治的統一そのものが存在するかぎり、交戦権や公敵宣言は「他の結合には」与えられない。家族または氏族の間の血縁者復讐の権利も、政治的統一がそもそも存在するべきならば、少なくとも戦争の間は停止しなければならないだろう。政治的統一のこの帰結を放棄しようとする人間団体は、政治的団体ではないだろう。というのも、こうした人間団体は、誰を敵と見なし、敵として扱うか、標準的に決定する可能性を放棄するだろうからである。人間の物理的生命に対するこの力を通じて、政治的共同体は、あらゆる他の種類の共同体または社会の上位に立つ。その場合、政治的共同体の内部でも、**第二義的な政治的性格の下位組織**が、独自の権限または委任された権限をもって、**狭い集団の一員に限定された生殺与奪の権さえもって**、存在しうる。

宗教的共同体である教会は、その一員が自分の信仰のために死ぬこと、殉教死を経験することを要求できるが、これは、もっぱら自分自身の魂の救済のためであり、**現世にある権力組織**である教会共同体のためではない。**さもなければ、教会は政治的勢力になるだろう。教会の聖なる戦争や十字軍は、他の戦争と同様に、敵を決める決定に基づく行動である。**経済的に定められた社会の秩序、すなわち予測可能な機能は、経済的カテゴリーの領域内で進行するが、この経済的社会では、考えられるどんな観点からでも、円滑に機能するため、社会の成員が自分の生命を犠牲にするようには要求できない。経済的合目的性でこうした要求を根拠づけることは、**特に自由主義的経済秩序**の個人主義的原理に対する矛盾だろうし、**自律的に考えられた**経済の規範や理想から決して正当化できないだろう。個々の人間は、何のためであろうが、自発的に死んでもよい。**それは、個人主義的・自由主義的社会のあらゆる本質的なことと同様に、全く「私的事柄」、**すなわち自分の自由で統制されない決意、自由に決意する者**自身以外に誰にも関係しない決意の問題である。**〔～〕

経済的に機能する社会は、**経済的競争で成功しない敗者または**「邪魔者」を、社会の循環運動の外に出し、非暴力的で「平和的な」仕方で無害な存在にする、具体的に言えば、自発的に従わなければ、餓死させるだけの充分な手段をもっている。**純粋な文化的社会や文明社会のシステムには、望ましくない危険や**「人口の」**増加を片付けるための「社会的指標」は事欠かない。**だが、どんなプログラムも、**どんな理想も、**どんな規範も、どんな合目的性も、他人の物理的生命を意のままにする権利を与えない。生き残る者の商工業を繁栄させ、子孫の消費力を増大させるため、死ぬ用意をして人間を殺すのを人間に真剣に要求するのは、恐ろしく狂気の沙汰である。戦争を人間殺しだと呪った後で、「決して再び戦争が起こらない」ようするため、戦争を行い、戦争で殺し殺されるのを人間に要求するのは明白な欺瞞である。戦争、すなわち闘う人間の死ぬ用意、敵の側にいる他の人間の物理的殺戮、これらすべては規範的意味をもたず、実存的意味しかもたない。しかも、何らかの理想・プログラム・規範的性質でなく、現実の敵に対する現実の闘争の状況という現実性では、実存的意味しかもたない。何の合理的目的も、何の正しい規範も、何の**模範的**プログラムも、**何の美しい社会的理想も**、何の正統性や合法性も、人間がそのために相互に殺し合うのを正当化できない。人間の生命の物理的殺戮が、自分の実存形式の・存在に応じた否定に対する、自分の実存形式の・存在に応じた主張から起こらないならば、物理的殺戮はまさに正当化できない。倫理的・法律的規範であっても、戦争を根拠づけることはできない。ここで考えるように、存在に応じた意味で現実の敵が存在するならば、必要な場合には現実の敵から物理的に防御し、敵と闘うのは意味があるが、これは、もっぱら政治的に意味がある。

正義が戦争の概念に含まれないことは、グロティウス以来、一般に認められている。(16)[5] 正しい戦争を要求する論理構成は、通常、それ自身でも政治的目的に役立つ。すなわち、政治的に統一した国民に、正しい根拠からのみ戦争を遂行するよう要求するのは、もっぱら現実の敵に対して戦争を遂行するべきだということを意味するならば、全く自明なことである。だが、さもなければ、その背後には、交戦権の自由な使用を他人に手渡し、正義の規範を見出して、その内容と個別事例への適用を、**国家自身**でなく、何か別の**第三者**が決定する、すなわち第三者が誰が敵かを定めるようにする政治的努力が隠れている。国民が政治的なものの領域に実存するかぎり、極端な事例に対してのみであっても――極端な事例が存在するかどうかは、国民自身が決定する――、国民が自分で味方と敵の区別を定めなければならない。国民の政治的実存の本質はここにある。国民は、これを区別する能力や意志をもはやもたないならば、政治的に実存するのを止めてしまう。誰が自分の敵か、誰に対し闘ってもよいか、他者が指示できるならば、その国民はもはや政治的に自由な国民ではなく、**別の政治システムに組み込まれ、従属している**。戦争は、〈高い〉理想や法規範のためでなく、現実の敵に対し遂行される点に意味をもつ。味方と敵のカテゴリーの不透明化はすべて、何らかの抽象物や規範と混合することから説明される。

そこで、政治的に実存する国民は、場合によっては、自分の決定により自分の責任で味方と敵を区別するのを放棄できない。**国民は、**一九二八年のいわゆるケロッグ条約に**見られたように、国際紛争を解決する手段として戦争を非難し、**「国家的政策の**道具」として戦争を放棄すると厳粛に宣言できる。**(17) これでは、**国際的政策の道具としての戦争を放棄していない**し（国際的政策に奉仕する戦争は、**国家的政策のみに奉仕**

する戦争よりも悪いことがありうる)、戦争一般を「非難」または「追放」してもいない。第一に、こうした宣言は、言おうが言うまいが、自ずと明らかな一定の留保、例えば自国の生存、自衛、現行の条約、自由で独立した生存権等の留保の下にある。第二に、これら留保は、その論理構造について言えば、規範からの単なる例外でなく、規範一般に初めて具体的内容を与える。つまり、義務づけを例外の留保付きで周辺的に制限するのでなく、義務づけに内容を与え、規範を立てる留保である。第三に、独立国家が存在するかぎり、この国家は、留保の事例(自衛、敵対者の攻撃、ケロッグ条約自身を含む現行条約の侵害等)が生じているかどうか、自分の独立に基づき、自分自身で決定する。最後に第四に、人は「戦争」一般を追放できず、「追放」により敵と宣言されるべき特定の人間・国民・国家・階級・宗教等のみを追放できる。そこで、厳粛な「戦争の追放」も、味方と敵の区別を廃止せず、国際的な公敵(hostis)宣言の新たな可能性により、この区別に新たな内容と生命を与える。[*VI]

　この区別がなくなれば、政治生活一般がなくなる。〔戦争放棄を〕懇願する宣言によりこの運命的区別から逃れることは、政治的に実存する国民に決して許されていない。国民の一部がもはや何の敵も知らないと宣言すれば、問題状況に応じて敵の側につき、敵を助けることになり、それにより味方と敵の区別が廃止されるわけでない。一国の市民が、自分は個人的に敵をもたないと主張しても、この問題とは何の関係もない。というのは、私人は政治的敵をもたないからである。こうした宣言により、彼はせいぜい、自分が実存上属している政治の総体から撤退し、もっぱら私人として生きたいと言えるだけだ[18]。さらに個々の国民が、全世界への友好宣言により、または自発的な武装解除により、味方と敵の区別を取り除くことができると信じるのは誤りだろう。こうした仕方で、世界は脱政治化されないし、純粋な道徳性、純粋な合法性、純粋な経済性の状態には置かれない。一国民が政治的実存の苦労とリスクを恐れるならば、「外敵に対する保護」と政治的支配を引き受けて、その国民の苦労を取り去る別の国民がまさに現れるだろう。その場合、保護と服従の永遠の連関により、保護者が敵を定めるのだ。

［保護と服従の連関という］この原理に基づくのは、封建領主と家臣、指導者と従者、保護貴族と庇護民の関係という封建的秩序だけでない。封建的秩序は、この原理を隠さず、特にはっきり公然と際立たせるが、保護と服従の連関なしでは、支配従属関係も、理性的な正統性や合法性も存在しない。「私が保護する、したがって私が義務づける」

は、国家にとっての「私が考える、したがって私が存在する」である。この命題を体系的に自覚しない国家論は不充分な断片にとどまる。ホッブズは（一六五一年英語版の末尾、三九六頁）、『リヴァイアサン』の本来の目的は、「保護と服従の相関関係」を人々に再び認識させることであり、その確たる遵守が、人間性や神の法により要求されると述べた。〔～〕

ホッブズは、内戦の悪しき時代にこの真理を経験した。というのも、当時、全く安全な時代には人々に政治的現実について思い違いさせてしまう正統主義的・規範主義的な幻想がすべて消え失せたからである。国家内部で組織された党派が、その一員に対し国家以上の保護を保障できるならば、国家はせいぜいこの党派の付属物になり、個々の公民は誰に従うべきかを知るだろう。先に（第四節で）論じたように、これは「多元主義的国家論」を正当化できる。対外的な国家間関係では、この保護と服従の公理の基本的正しさがよりはっきり現れる。国際法上の保護国、覇権的国家連合や連邦国家、多様な種類の保護条約や保障条約は、この公理に最も単純な定式を見出す。

無防備な国民は味方だけをもつと信じるのは愚かだろうし、敵はおそらく無抵抗に感動するだろうと信じるのは卑俗な予測だろう。人間が美的・経済的生産性の放棄により、世界を例えば純粋な道徳性の状態に導けるだろうとは、誰も可能だと信じないだろう。だが、はるかにそれ以上に、一国民が政治的決定の放棄により、人類の純粋道徳的または純粋経済的な状態をもたらすことはできないだろう。一国民が政治的なものの領域にとどまるだけの力や意志をもたないとしても、政治的なものは世界から消え失せない。弱体な一国民が消え失せるだけである。

6［世界は政治的統一でなく、政治的多元体である］

政治的なものの概念の指標から国家間世界の多元主義が生じる。政治的統一は敵の現実的可能性を前提し、別の共存する政治的統一を前提とする。したがって、国家が一般に存在するかぎり、地上にはつねに複数の国家が存在し、地上全体と人類全体を包括する世界「国家」はありえない。政治的世界は、一元的宇宙でなく、多元的宇宙である。そのかぎりで、先に(第四節で)述べた国内の多元主義理論とは別の意味であるが、すべての国家論は多元主義的である。政治的統一は、本質上、人類全体と地上全体を包括する統一という意味では普遍的ではない。地上の様々な国民・宗教・階

級・その他の人間集団がすべて統一された結果、それらの間の闘争が不可能で**考えられないならば**、また**地上全体を包括する帝国の内部でも**、**内戦が可能性としても、どんな時代にも事実上決して考えられないならば**、つまり味方と敵の区別が偶発事としてもなくなるならば、**政治的に汚れていない世界観・文化・文明**・経済・道徳・法・芸術・**娯楽**等は存在するが、*VII 政治も国家も存在しない。こうした人類と地上の状態が到来するか、またいつ到来するか、私には分からない。さしあたり、こうした状態は現に存在しない。こうした状態が現にあると想定するのは不誠実な虚構だろう。今日、大国間の戦争はすぐに「世界戦争」になるから、したがって、この戦争の終結は「世界平和」を意味し、**最終的にすっかりと脱政治化された**あの牧歌的な最終状態を意味するにちがいないと思うのは、**直ちに解消できる**思い違いだろう。

人類そのものは戦争を遂行できない。というのも、人類は、少なくともこの惑星では敵をもたないからである。人類の概念は敵の概念を排除する。というのも、敵も人間であることを止めないし、そこに何ら特殊な区別はないからである。人類の名で戦争を遂行するのは、この単純な真実を論駁するものでなく、特に強烈な政治的意味をもつだけだ。一国家が人類の名で政治的敵と闘うならば、これは人類の戦争でなく、特定の国家が戦争相手に対し普遍的概念を我が物とし、（敵対者を犠牲にして）この概念と同一化しようとする戦争である。それは、平和・正義・進歩・文明を濫用し、これらを自分のために要求し、敵には否認するのと似ている。「人類」は、特別に有用な、帝国主義的拡張のイデオロギー的道具であり、倫理的・人道主義的形式を取っているが、経済的帝国主義の特殊な手段である。ここには、分かりやすい修正を加えれば、「人類を口にする者は人を欺こうとする」という、プルードンが造り出した言葉が当てはまる。「人類」という名称の使用、人類の援用、この言葉の私物化、これらすべては、こうした崇高な名称を一定の帰結抜きでは使用できないから、敵に人間の特質を否認し、敵は法の外部、人類の外部にあると宣言し、したがって、戦争を極度に非人間的なものまで推し進めるべきだという恐るべき要求を明らかにするだけだろう。(19) しかし、人類という非政治的名称を高度に政治的に利用できる可能性を除けば、人類そのものの戦争は存在しない。人類は政治的概念でなく、人類には何の政治的統一や共同体も、何の状態も対応しない。一八世紀の人道主義的な人類概念は、当時存在した貴族制的・封建的または身分制的な秩序とその特権の論争的否定だった。自然法的で自由主義的・個人主義的な教義で言う人類とは、地上のすべての人間を包括する普遍的な理想的構成物であり、闘争の現実的可能性が排除され、あらゆる味方と敵のグループ分けが不可能になった時に初めて現実に存在する個人相互の関係の体系である。その場合、この普遍的社会には、政治的統一としての国民は存在しないが、闘争する階級や敵対する集団ももはや存在しないだろう。

国際連盟が論争的な対抗概念として君主同盟に対置できるかぎり、国際連盟の理念は明確で簡明だった。ドイツ語の「国際連盟」は、こうして一八世紀に成立した。[6] 君主政の政治的意味がなくなると同時に、この論争的意味もなくなる。さらに「国際連盟」は、一国家または国家連合による、他の国家に向けられた帝国主義のイデオロギー的手段になりうるだろう。その場合、先に「人類」という言葉の政治的使用について言ったすべてのことが、「国際連盟」に当てはまる。だが、さらに最終的に、全人類を包括する国際連盟の創設は、「人類」という普遍的社会の非政治的な理想状態を組織する従来は極めて不明確な傾向にも対応するだろう。したがって、こうした国際連盟は「普遍的」になるべきだ、すなわち地上の全国家がその構成員とならなければならないと、ほぼつねにかなり無批判的に要求される。だが、普遍性は、完全な脱政治性と、特に当面は少なくとも一貫した国家の欠如した状態を意味せざるをえないだ

ろう。〔…〕

この観点からは、一九一九年に**パリ平和条約により**創設されたジュネーヴの機構――**フランス語・英語**の公式名称(Société des Nations, League of Nations)に従えば、「諸国民の社会」だが、**ドイツでは、**「国際連盟」(Völkerbund)と呼んでいる――は、矛盾に充ちた**組織に**見える。すなわち、国際連盟は国家間の組織であり、諸国家そのものを前提とし、国家相互の若干の関係を規制し、諸国家の政治的実存すら保障する。国際連盟は、普遍的組織でないばかりか、国際的組織ですらない。つまり、「国際的」という言葉を、**少なくともドイツ語の用法として**正しく誠実な仕方で、「国家間」から区別し、**これに対し**「国際的」な運動にのみ使うのにとどめるならば、例えば第三インターナショナルのように、国境を越えて、その壁を貫いて、**現行国家の領土的閉鎖性・不可侵性**・不浸透性を無視する運動にのみ使うのにとどめるならば、国際的組織ですらない。ここにはすぐに、「国際的」と「国家間的」の間、脱政治化した普遍的社会と現在の国境の現状維持のための国家間的保障の間の基本的対立が現れるが、いかに「国際連盟」の学問的論述がこれを無視し、混乱を支持すら**できたのか**、結局は理解できない。ジュネーヴ国際連盟は、諸国家を廃止しないのと同様に、戦争の可能性を決して廃止しない。それは、一定の戦争を正統化し、**是認する**ことにより、戦争の新たな可能性を導入し、戦争を許可し、同盟戦争を促進し、戦争に対する一連の抑制を取り除く。[〜]

今日まで存在するようなジュネーヴ国際連盟は、**事情次第では極めて有用な交渉の機会であり、技術的**事務局である事務総長と結びつき、**国際連盟理事会と国際連盟総会の名前で開かれる**外交官会議のシステムである。それは、別の箇所で示したように[20]、連邦(Bund)ではなく、おそらくは同盟(Bündnis)だろう。連盟本来の活動が人道的・非政治的領域にあり、連盟が少なくとも国家間行政の共同体として普遍性への「傾向」をもつかぎりでのみ、国際連盟には人類の真の概念がまだ働いていると分かる。ただし、連盟の現実の体制と、この「連盟」内部ですら存続する戦争の可能性を見れば、この傾向も**理想的要請**にすぎない。**だが**、もちろん、普遍的でない国際連盟は、**潜在的または現実的な**同盟、戦時同盟を意味する場合にのみ、政治的意味をもちうる。これにより、交戦権は取り除かれず、**多かれ少なかれ、完全であれ部分的であれ、「連盟」に移されている**だろう。これに対し、**具体的に実存する**人類の普遍的組織であるかぎり、国際連盟は、第一に、現存するすべての人間集団から交戦権を効果的に取り去り、第二に、にもかかわらず、自分で交戦権を引き受けないという困難な仕事を遂行しなければならないだろう。というのも、さもなければ、普遍性、人類、**脱政治化**した社会というすべての本質的指標は再びなくなるからである。

したがって、「世界国家」が地上全体と人類全体を包括するならば、世界国家は政治的統一でなく、慣用上でのみ、国家と呼ぶことができる。もっぱら経済的・交通技術的統一に基づき、人類全体と地上全体が事実上統一されるならば、これは、さしあたりまだ、住宅団地に住む住人や同じガス工場に加入したガス購入者、同じバスに乗る旅行者のような「社会的統一」にすぎないだろう。この統一は、もっぱら経済的または交通技術的にとどまるかぎり、敵対者がいないため、経済的・交通的党派へと高まらないだろう。さらにこの統一が、文化的・世界観的・その他の高度な、しかし同時に無条件に非政治的な統一を形成するならば、倫理と経済の両極性の間で無差別点を探す消費者・生産者団体となるだろう。[7] この統一は、国家もライヒも帝国も知らず、共和政も君主政も知らず、貴族政も民主政も知らず、保護も服従も知らず、一般にあらゆる政治的性格を失っているだろう。〔～〕

だが、地上を包括する経済的・技術的中央集権化と結びついた恐るべき力が、どんな人間に与えられるだろうか、という問いを立てるのは容易である。その場合、すべてはまさに「自ずと進行し」、物事は「自主管理され」、人間は絶対に「自由」なのだから、人間の人間に対する統治は不要になってしまうと望んだとしても、この問いは決して退けられないだろう。というのも、何のために人間は自由になるかがまさに問われるからだ。この問いに対し、楽観主義的推測と悲観主義的推測で答えることができるが、すべての推測は最終的に人間学的信仰告白に帰着するのだ。

7 〔政治理論の人間学的前提〕

すべての国家理論と政治思想は、その人間学を調べれば、意識的であれ無意識的であれ、それが「本性上悪い」人間を前提するか、それとも「本性上善い」人間を前提するかにしたがい、分類できる。この区別は全く大雑把なものであり、道徳または倫理に特有な意味で取るべきではない。決定的なのは、さらなる政治的考慮の前提として、人間を問題ある者と捉えるか問題ない者と捉えるかであり、人間が「危険な存在」か危険でない存在か、危なない存在か無害で危なくない存在かという問いにどう答えるかである。

この善悪の人間学的区別に対する無数の修正と変形は、ここでは個々に論議することができない。「邪悪さ」は、腐敗・弱さ・臆病・愚かさ、または「粗野」・衝動性・活発さ・非合理性等の形で現れ、これに対応し、「善良さ」は、思慮深さ・完全さ・素直・教育しやすさ・共感できる穏和さ等の形で現れる。動物の寓話は、ほとんどすべて現実の政治状況に関係づけて、はっきりと政治的に解釈できる(例えば、狼と羊の寓話における「攻撃」の問題、ペストの責任がロバにあるというラフォンテーヌの寓話における責任の問題、動物会議の寓話における国家間司法の問題、どんな動物も自分の歯・爪・角をいかに平和維持に役立つ手段として見せるかを詳しく述べる、一九二八年一〇月チャーチルの選挙演説における軍備縮小の問題、小さな魚を食べる大きな魚等)。動物寓話の政治的解釈可能性は、政治的人間学が、一七世紀の国家哲学者(ホッブズ、スピノザ、プーフェンドルフ)が「自然状態」と呼んだものと直接に関連している点から説明できる。国家が相互に生きる自然状態は、絶えざる危険と危機の状態であるから、そこで行為する主体は、まさにそれゆえ、飢餓・貪欲・不安・嫉妬の衝動で動く動物と同じく「悪」である。［〜］

したがって、我々の考察にとり、ディルタイにしたがい（『著作集』第二巻、一九一四年、三二頁）、**次のように異論を唱える必要はない。**「マキャヴェリによれば、人間は本性上悪ではない。多くの箇所はこれを述べているように見える。……だが、マキャヴェリは、人間は、対抗力が何も働かなければ、欲望に引かれて悪へと滑り落ちる抗しがたい傾向をもつと至る所で言おうとするだけだ。動物性・衝動・情動、特に愛情と恐怖は人間本性の中心である。マキャヴェリは、情動の戯れの心理学的観察において尽きることがない。……彼は、我々人間本性のこの根本的特徴から、すべての政治生活の根本法則を導き出す」。［…］

Ｅ・シュプランガーは、その書『生の形式』［一九一四年］の「権力人間」の章で、「もちろん、政治家にとり、人間の学は関心の中心にある」と極めて適切に言っている。ただ私には、シュプランガーは、この関心を余りに技術的に、人間の「衝動メカニズム」を戦術的に操作する関心と見ていると思われる。思考と観察に極めて富んだこの章のさらなる論述では、事実、政治に特有な現象と政治的なものの実存的性格全体が、しばしば圧倒的な分かりやすさでつねに見て取ることができる。例えば、「権力類型の尊厳はその影響領域とともに増大する」という命題は、政治的なものに由来するがゆえに、**政治的にのみ理解できる現象に関わる。**しかも、**この現象は、政治的なものの地点は、標**

準的な連合と離反を左右する距離化の強さから定められるというテーゼの適用事例として理解できる。ヘーゲルの量から質への転化の命題も、政治的思考としてのみ理解できる（ヘーゲルに関する注、七〇頁、参照）。［〜］

H・プレスナーは、（『権力と人間本性』ベルリン、一九三一年で）大規模な政治的人間学を敢えて試みた最初の近代的哲学者だが、そこで、哲学的に有意味でないような政治学が存在しないのと同じく、政治的に有意味でないような哲学も人間学も存在しないと正当にも述べた。プレスナーは、とりわけ、哲学と人間学は特に全体に向かう知だから、特定「領域」の専門知のように、「非合理的な」生の決断に対して中立的態度をとれないと認識した。プレスナーにとり、人間は「第一義的に距離を取る存在」であり、その本質上、不確定で計り知れず、「未解決の問い」にとどまる。「善」と「悪」の区別を使うあの単純な政治的人間学の原初的言語に翻訳すれば、プレスナーの動的な「未解決の問い」は、冒険的なまでに現実の事柄へ近づいており、危険にも危険なものにも積極的関係をもつ点で、善よりも「悪」に近いかもしれない。ヘーゲルとニーチェが「悪」の側に入り、最終的に「権力」一般が（ブルクハルトの有名な、しかし明確でない言葉によれば）悪であるのは、これと一致する。

私は、特にいわゆる権威主義的理論と無政府主義的理論の対立は、先の公式に還元できることを何度か示した[21]。人間をこうした仕方で「善い」と前提する理論と構成の一部は、真に無政府主義的ではなく、自由主義的であり、**国家の介入に論争的に反対する**。公然たる無政府主義では、「生来の善良さ」に対する信仰が国家の根本的否定といかに密接に関連しているか、直ちに明らかであり、一方が他方から生じ、両者が相互に補完し合っている。これに対し、自由主義者にとり、人間の善良さとは、それを援用して国家を「社会」に奉仕させる論拠以外の何も意味せず、そこで、「社会」は、**それ自身の中に秩序をもっており**、国家は、社会に疑い深く統制され、**厳密な限界内に制約された**従属者にすぎないことを意味するだけだ。この古典的定式化はトマス・ペインに見られる。社会(society)は理性的に統制された我々の要求の結果であり、国家(government)は我々の悪徳の結果である[22]。国家に敵対する急進主義は、人間本性の根本善を信仰する度合いに応じて増大する。市民的自由主義は、決して政治的意味で急進的ではなかった。しかし、自由主義の国家否定と政治的なものの否定、**自由主義の中立化、脱政治化と自由宣言**は、同様に一定の政治的意味をもっており、**一定の状況で、論争的に**一定の国家**とその政治権力**に反対しているのは自ずと明らかである。ただ、それら否定は、本来は国家理論でも、政治思想でもない。自由主義は、確かに国家を急進的に否定しなかったが、他面で積極的な国家理論も、独自な国家形態〔一九六三年版は「国家改革」だが、一九三二年版に従う〕も見出さず、政治的なものを倫理的なものにより拘束し、経済的なものに従属させようとしただけだ。自由主義は、「権力」の分割と均衡の学説、すなわち国家の抑制と統制の体系を創り出したが、これを国家理論**や政治的構成原理**と呼ぶことはできない。

したがって、真の政治理論はすべて、人間を「悪」だと前提する、すなわち**決して問題がないわけでなく、「危険で」動的な存在だと見なす**という、多くの人々を確実に不安にする奇妙な確認が残される。これは、特に政治的などんな思想家にも容易に証明できる。彼らが種類・等級・歴史的意味においていかに異なっていようが、これら思想家は、特に政治的な思想家だと示されれば示されるほど、人間本性を**問題あるものと捉える点**で一致する。ここでは、マキャヴェリ、ホッブズ、ボシュエ、（彼の人道主義的観念論を忘れるかぎりで）フィヒテ、ド・メーストル、ドノソ・コルテス、H・テーヌの名前を挙げれば充分である。ヘーゲルも挙げることができるが、もちろんヘーゲルは、ここでも**時折**、二重の顔を示す。

にもかかわらず、**ヘーゲルは、どんな場合も最大の意味で政治的であることに変わり**

ない。同時代の時事的事件を扱ったヘーゲルの書、とりわけ天才的な青年期の著作『ドイツ国制論』は、すべての精神は現在ある精神であり、現前しており、バロック的代表にもロマン主義的弁明にも見出せず、探り出せないという哲学的真理の明白な記録、一時的な正誤を超えて目に見える形で記録したものである。これは、ヘーゲルの「ここがロードス島だ。［ここで跳べ[8]］」であり、「非政治的な純粋さ」と純粋な非政治性の中で知的捕獲網を製造するのに関わり合わない哲学の真正さである。ヘーゲルの具体的思考の弁証法も、特に政治的な種類である。量から質への転化というよく引用される命題も、全く政治的意味をもっており、どの「専門領域」からも、政治的なものの地点、すなわち人間のグループ分けの質的に新たな強さに到達するという認識の表現である。この命題の本来の適用事例は、一九世紀にとり、経済的なものに関係する。「経済」という「自律的」で自称政治的に中立的な専門領域では、絶えずこうした質への転化、すなわち従来は非政治的で純粋に「客観的」なものが政治的になる過程が遂行される。例えばここでは、経済的所有が一定の量に到達したならば、公然と「社会的」(正しくは政治的)権力になり、所有は権力になったし、最初は経済的にのみ動機づけられた階級対立は、敵対する集団間の階級闘争になった。［〜］

ヘーゲルには、ブルジョアの最初の論争的・政治的な定義も見出される。ブルジョアとは、非政治的で危険のない私人の領域を離れようとせず、所有する中で私的所有を正義と見なし、個人として全体に反対する態度を取り、政治的に無価値である代償を平和と営利活動の成果の中に、とりわけ「成果を享受できる完全な安全の中に見出し」、したがって勇気を示す必要がなく、非業の死の危険を免れようとする人間である（「自然法の学問的取り扱い方」一八〇二年、ラッソン版、三八三頁、グロックナー版Ⅰ、四九九頁）。最後にヘーゲルは、近代哲学者が通常大抵は回避した敵の定義も立てた。敵は、否定すべき他人の、生ける全体性という形を取る倫理的な（道徳的意味ではなく、「民族の永遠」という「絶対的生命」から考えられた）差異である。「敵はこうした差異である。差異が関係づけられれば、同時に対立の存在の反対物、敵の無化であり、この無化は双方に均等だから、闘争の危険である。この敵は、倫理的なものにとり国民の敵にすぎず、それ自身一国民でのみありうる。ここで個人が現れるから、個人が死の危険に赴くことが国民に自覚される」。「この戦争は家族対家族の戦争でなく、国民対国民の戦争であり、そこで憎悪自体が無差別化され、人格的性格を免れている」[9]。［…］

ヘーゲルの精神がどれほど長く現実にベルリンに住み続けたかは問題である。いずれにせよ、一八四〇年以来プロイセンで支配的になる傾向は、「保守的」国家哲学、しかもフリードリヒ・ユリウス・シュタールの国家哲学を活動させるのを選んだのに対し、ヘーゲルは、カール・マルクスを経てレーニンへ、モスクワへと移動した。モスクワでヘーゲルの弁証法的方法は、新たな具体的な敵概念、すなわち階級敵の概念において具体的力があると実証し、自分自身の弁証法的方法も、合法性と非合法性、国家、反対者との妥協という他のすべての方法も、この闘争の「武器」へと転化した。ゲオルク・ルカーチでは(『歴史と階級意識』一九二三年、『レーニン』一九二四年)、ヘーゲルのこの時事的性格は最も強力に生きている。ルカーチは、レーニンの名言も引用しているが、ヘーゲルならば、階級の代わりに、闘争する国民の政治的統一について同じことを語っただろう。「レーニンは言う。政治を、時には詐欺にも等しい小さな策略だと理解する者は、我々から決然と拒否されるにちがいない。階級は欺くことはできない」。

「楽観主義」と「悲観主義」に関する心理学的注釈では、問題は片付けられない。同様に、無政府主義的仕方で、逆に人間を悪と考える者だけが悪であると言っても、問題は片付けられない。そこから、人間を善と考える者、すなわち無政府主義者は、悪しき人々に対する何らかの支配と統制の権限をもつことになるから、問題は再び最初から始まる。むしろ、人間の思考の異なる分野では、「人間学的」前提がいかに異なるかを考慮しなければならない。教育学者は、方法上の必然により、人間を教育可能で陶冶可能だと見なすだろう。私法学者は、「誰もが誠実だと推定される」という命題から出発する。[23] 道徳家は、善と悪の間の選択の自由を前提するのに対し、[24] 神学者が、人間を罪深くて救済を必要とすると見なさず、救済される者と救済されない者、神に選ばれた者と選ばれていない者をもはや区別しないならば、神学者ではなくなる。さて、政治的なものの領域は、最終的に敵の現実的可能性により決定されるから、政治的観念や思考過程は、人間学的「楽観主義」を出発点とすることができない。さもなければ、敵の可能性とともに、政治に特有のあらゆる帰結をも廃棄するだろう。［…］

政治理論と罪の神学的教義との関連は、ボシュエ、メーストル、ボナール、ドノソ・コルテス、F・J・シュタールにおいて特に目立つ形で現れ、他の無数の人々にも同様に強烈に働いているが、この関連は、必然的な思考の前提の類似性から説明される。現世と人間は罪深いという神学的根本教義は、神学が単なる規範的道徳や教育学に解消せず、教義が単なる規律に解消しないかぎり、味方と敵の区別と同様に、人間の区分と「距離化」につながり、一貫した人間概念の区別なき楽観主義を不可能にしてしまう。もちろん、善き人間の間の善き現世では、平和と安全、万人の万人との調和のみが支配する。ここでは、聖職者や神学者は、政治屋や政治家と同様に不要になる。トレルチ（『キリスト教会の社会教説』）とセイエール（ロマン主義とロマン主義者の多くの著作）は、社会心理学的・個人心理学的に見て、原罪の否認が何を意味するかを、数多くのセクト・異端者・ロマン主義者・無政府主義者を例に示した。そこで、神学的思考の前提と政治的思考の前提の間の方法的関連は明白である。しかし、神学の援用は政治的概念を時折混乱させる。というのも、神学の援用が、通常、区別を道徳神学的領域へと移し替えるか、少なくとも道徳神学的領域と混ぜ合わせた後で、大抵は、規範主義的擬制主義かあるいは教育学的・実践的機会主義さえもが、実存的対立性の認識を曇らせるからである。マキャヴェリ、ホッブズ、時にはフィヒテのような政治理論家は、「悲観主義」により、実は、味方と敵の区別の実在的可能性または現実性を前提しているにすぎない。したがって、偉大で真に体系的な政治思想家ホッブズには、人間の「悲観主義的」見方が見られ、さらに、双方が真で善で正義だという確信を抱くことこそ、最悪の敵対関係、最終的には万人の万人に対する「戦争」をも引き起こすという正しい認識が見られるが、これは、臆病で取り乱した想像の産物でなく、さりとて、自由「競争」に基づく市民社会の哲学（テニエス）でもなく、政治に特有の思想体系の基本的前提だと理解しなければならない。

これら政治思想家は、つねにありうる敵の具体的な実存的性格を念頭に置くから、しばしば、安全を必要とする人間を驚かせるような一種の現実主義を表明する。だが、人間の生得的特性への問いを解決しなくても、人間は一般に、少なくとも自分たちに耐えられるか、うまく行きさえするかぎり、脅かされない平穏という幻想を愛し、「悲観論者」に我慢できないと言ってよいだろう。したがって、明確な政治理論の政治的敵対者にとり、政治現象と真理の明確な認識や記述を、自律的専門領域の名前で、非道徳的・非経済的・非科学的だとし、とりわけ――これが政治的に重要だという理由から――闘争に値する悪魔だと呼び、法外宣言するのは難しくないだろう。

マキャヴェリは、こうした運命を被った。もしマキャヴェリがマキャヴェリストだったなら、おそらく『君主論』でなく、むしろ感動的名句で綴られた書を書いただろう。実際には、マキャヴェリは、祖国イタリアが一六世紀にドイツ人・フランス人・スペイン人・トルコ人の侵略にさらされていたのと同じく、守勢に立っていた。イデオロギー的守勢の状況は、一九世紀初めのドイツで、フランス人が革命政府とナポレオンの下で侵略する間に繰り返された。当時、人道主義的イデオロギーで拡張する敵から身を守るのがドイツ人民にとり重要だった時、フィヒテとヘーゲルは、マキャヴェリの名誉を回復したのだ。

法と平和という概念が、こうした仕方で政治的に使用される時、つまり明確な政治的思考を妨げ、自分自身の政治的努力を正統化し、敵対者を資格剝奪するか士気喪失させるため使用される時、最悪の混乱が生じる。法それ自体は、私法であれ公法であれ、最も確実には偉大な政治的決断に保護されて、例えば安定した国家制度の枠内で、それ自身の相対的に自立した領域をもつ。だが、法は、人間生活と思考のすべての領域と同じく、他の領域を支持したり、反駁したりするために利用できる。政治的思考の立場からは、法や道徳のこうした利用の政治的意味に注意し、特に法「というもの」の「支配」や主権という言い方に対し、つねにさらなる問いを発するのは当然であり、法にも道徳にも反しない。第一に、ここで言う「法」は、今後も通用すべき現行の実定法と立法手続きを意味するのか。もしそうならば、「法の支配」は、特定の現状の正統化以外に何も意味せず、この法の下で自分の政治権力や経済的利点が安定するすべての人が、この現状の維持に関心をもつのは当然である。[〜]

第二に、法の援用は、高次の法またはより正しい法、いわゆる自然法または理性法が現状の法に対立することを意味しうる。その場合、この種の法の「支配」または「主権」とは、高次の法を援用でき、高次の法の内容が何か、**誰が**いかに適用すべきかを決定する人々の支配や主権を意味するのは、政治家にとり当然である。ホッブズは、他の誰よりも明確に、政治的思考のこの単純な帰結を確固として引き出し、繰り返し次の点を強調した。つまり法の主権は、法**規範**を制定し、**運用する**人々の主権を意味するにすぎず、「高次の秩序」の支配は、特定の人間が、この高次の秩序に基づき、「低次の秩序」の人間を支配しようとする政治的意味をもたなければ、空虚な決まり文句にすぎない。こうした政治的思考には、その領域の自律性と閉鎖性のため、全く反論できない。というのも、「法」や「人類」、「秩序」、「平和」の名称で、他の具体的人間集団に対し闘うのは、つねに具体的人間集団であり、**政治現象を観察する者**は、首尾一貫して自分の政治的思考にとどまるならば、不道徳でシニカルだと非難されても、相変わらず、そこに具体的に闘う人間の政治的手段のみを見て取ることができるからである。

そこで、政治的思考と政治的本能は、理論的にも実践的にも、味方と敵を区別する能力により試される。偉大な政治の頂点は、同時に敵を具体的な明確さで敵として認識する瞬間である。

近代に関し、こうした敵対関係の最も強力な出現は、一八世紀の過小評価できない［ヴォルテールの標語］「恥知らずを粉砕せよ」より強く、シュタイン男爵やクライストのフランス人憎悪「彼らを殴り殺せ、世界法廷は君らに理由を尋ねない」より強く、レーニンのブルジョアと西欧資本主義に対する破壊的命題よりさえも強く、クロムウェルの教皇至上主義的なスペインに対する闘争の中に見られる。一六五六年九月一七日の演説でクロムウェルは言う(カーライル版、第三巻、一九〇二年、二六七頁以下)。「したがって、私が言うべき第一は、存在と保存が自然の第一の教訓だということです。……「我々の国民的存在」の保存は、第一に、これを滅ぼそうと努め、存在しないようにする人々と関連させて考察しなければならない」。つまり我々の敵、これら国民の存在そのものに対する敵を考察しよう(クロムウェルはこの存在そのもの、国民的存在をつねに繰り返し、さらに続ける)。「もちろん、貴方の偉大な敵はスペイン人です。スペイン人は生まれながらの敵です。スペイン人は生まれながらの敵で、生まれながら徹底して敵です。貴方の中には神の御業があるが、神の御業に対する敵対がスペイン人の中にあるという理由から」。そして、クロムウェルは繰り返す。スペイン人は君たちの敵で、彼らの敵対性は、神により彼らの中に植え付けられている。スペイン人は「生まれながらの敵」「摂理による敵」だ。スペイン人を偶然的敵と見なす者は、神の書、神の御業を知らない。神は、貴方の種と彼らの種の間に敵対性を欲すると言った（『創世記』第三章一五節）。フランスとは講和を締結できるが、スペインとは講和できない。というのも、スペインは教皇至上主義の国家であり、教皇は、自分が欲する間しか、講和を守らないからだ（英語で引用した箇所［鍵括弧の箇所］は、別の言語では正しく再現できない）。

しかし、逆も言える。政治史の至る所で、外政でも内政でも、味方と敵を区別できない無能力や意欲の欠如は、政治的終焉の徴候と見なされる。革命以前のロシアでは、没落階級は、ロシアの農民を善良で勇敢でキリスト教的農民としてロマン化した。**混乱した**欧州では、相対主義的ブルジョアジーは、考えられるすべての異国文化を美的消費の対象にしようと努めた。一七八九年革命以前にフランス貴族社会は、「生来善良な人間」と**感動的なまでに**有徳な人民を夢見た。トクヴィルは、旧体制の叙述で（『旧体制と革命』二二八頁）、この状況を描いたが、その文章に隠された緊張は、彼自身の場合、政治に特有の情熱に由来する。人々は、革命を何一つ予感しなかった。一七九三年が彼らの足下に迫っていた時、特権階級が、人民の善良さ、穏和さ、無垢について安心して予感しない様子で語っているのを見るのは奇妙である。「滑稽で恐るべき光景」だと。

8 〔倫理と経済の両極による脱政治化〕

あらゆる〈国家的・〉政治的観念は、一九世紀の自由主義により、独特の体系的な仕方で変化し、変質してしまっている。〈もちろん、〉歴史的現実という点では、自由主義は、何らかの重要な人間行動と同じく、政治的なものを免れていない。自由主義による(教養、経済などの)中立化と脱政治化も政治的な意味をもっている。あらゆる国の自由主義者は、他の人々と同じく、政治を営んだのであり、国民的自由主義者、社会的自由主義者、自由保守主義者、自由カトリック教徒等のように、全く異なる仕方で非自由主義的な要素や理念と提携した。(25) とりわけ自由主義者は、本質的に政治的なために全く非自由主義的な、全体国家にすらつながりかねない民主主義勢力と結びついた。(26) だが、問題は、個人主義的な自由主義の一貫した純粋な概念から政治に特有の理念が得られるかどうかである。この問いは否と答えなければならない。というのも、あらゆる一貫した個人主義に含まれている政治的なものの否定は、確かに、考えうるあらゆる政治権力や国家形態に対する不信という政治的実践につながるが、独自の積極的な国家理論と政治理論には決してつながらないからである。したがって、貿易政策・教会政策・学校政策・文化政策のように、国家や教会その他による個人的自由の制限に対して論争的に対立する意味での自由主義的政治は存在するが、自由主義的政治そのものは存在せず、つねに自由主義的な政治批判のみが存在する。自由主義の体系的理論は、ほとんど国家権力に対する国内政治的闘争にのみ関わり、個人的自由と私有財産を保護するため、国家権力を抑制して統制し、国家を「妥協」に、国家制度を「安全弁」に変え、君主政を民主政に、民主政を君主政に「均衡させる」一連の方法を提供する。こうした姿勢は、危機的時代には、とりわけ一八四八年には、極めて矛盾する態度につながったので、ロレンツ・フォン・シュタイン、カール・マルクス、F・ユリウス・シュタール、ドノソ・コルテスのような優れた観察者はすべて、ここに政治的原理や思考の一貫性を見出すのを断念した。

自由主義的思考は、極めて体系的な仕方で国家と政治を避けるか、または無視する。

そして、その代わりに、倫理と経済、**精神と営業、教養と財産**という二つの異質な領域の、つねに繰り返される典型的な両極性の間で揺れ動く。国家と政治に対する**批判的**不信は、個人が出発点かつ終着点でなければならないという［自由主義の］体系原理から容易に説明できる。政治的統一は、場合によっては生命の犠牲を望まなければならない。自由主義的思考の個人主義にとり、**この要求は**決して実現できず、根拠づけられない。個人自身とは別の存在に、個人の肉体的生命に対する処分権を与えるような個人主義とは、**自由な者とは別の存在が、自由の内容と程度を決定するような自由主義的自由と同じく、**空虚な文句だろう。個人自体にとり、彼が個人的に意欲しなくても、生死を賭けて闘わなければならない敵は存在しない。個人をその意志に反して闘争へと強制するのは、いずれにせよ、私的個人から見れば、不自由で暴力である。あらゆる自由主義的情熱は、暴力と不自由に反対する。**原理的に無制限な個人的自由、**私有財産と自由競争を侵害し、危険にさらすものはすべて「暴力」と呼ばれ、当然に悪なのだ。**この自由主義が国家と政治の中にまだ価値を認めるのは、自由の条件を保障し、自由の妨害を取り除く点に限られる。**［…］

こうして脱軍事化し脱政治化した概念の全体系に到達する。反動はあるにせよ、今日の欧州で他のどんな体系にもまだ置き換えられていない、驚くほど一貫した自由主義的思考の体系性を示すため、いくつかの概念体系を数え上げてみたい。この際、つねに注意しなければならないのは、これら自由主義的概念が、典型的な仕方で倫理と経済、精神性と営業の間で揺れ動き、これら両極の面から、政治的なものを「征服する暴力」の領域として絶滅しようとする点である。この際、「法治」国家、すなわち「私法」国家の概念が梃子として役立ち、私有財産の概念が世界の中心をなしており、倫理と経済という両極は、この中心点から放射される対立的力にすぎない。倫理的情熱と物質主義的・経済的客観性は、典型的に自由主義的なあらゆる表現において結びつき、あらゆる政治的概念の様相を一変させる。そこで、闘争という政治的概念は、自由主義的思考では、経済的な面では競争に、他の「精神的」面では討論に変化する。「戦争」と「平和」という異なる二つの状態の明確な区別に代わり、永遠の競争と永遠の討論という力学が現れる。国家は社会に変化する。しかも、倫理的・精神的面では、「人類」というイデオロギー的・人道主義的観念に変化し、他面では、統一的な生産・交通システムという経済的・技術的統一体に変化する。闘争状況で生じる、敵から防御しようとする全く自明の意志は、合理的に構成された社会的な理想またはプログラム、傾向または経済的計算に変化する。政治的に統一した国民は、一面では、文化的関心をもつ公衆に変化し、他面では、一つには経営・労働の従事者に、一つには消費者大衆に変化する。支配と権力は、精神的極では、宣伝と大衆暗示に、経済的極では、「統制」に変化する。

これらの解決はすべて、極めて確実に、国家と政治を一つには個人主義的で私法的な道徳に、一つには経済的カテゴリーに従属させて、その特有な意味を奪い取ろうと目指している。自由主義が、全く自明であるかのように、政治的なものの外部に、人間生活の異なる領域の〈相対的〉「自律性」を承認するばかりか、それを特殊化して完全に孤立するまでに誇張するのは実に奇妙である。芸術が自由の娘であり、美的価値判断が無条件に自律的であり、芸術的天才が至上であるのは、自由主義にとり自明だと思われる。それればかりか、多くの国々では、芸術の自律的自由が道徳主義的な「倫理の使徒」により脅かされた時にのみ、真に自由主義的情熱は高まった。道徳もまた、形而上学と宗教に対し自律的になり、科学は、宗教・芸術・道徳などに対し自律的になった。だが、自律的な専門領域の際立って重要な事例は、経済的なものの規範と法則の自立性が、完全な確実さで貫かれた点である。生産と消費、価格形成と市場は独自の領域をもっており、倫理からも、美学からも、宗教からも、**ましてや政治からも**指令することができないのは、**自由主義的時代の、真に議論する余地なく**、疑う余地のない数少ない**教義の**一つだと見なされた。特別な情熱で政治的観点からあらゆる**妥当性を**奪い取り、道徳・法・**経済**の規範性と「秩序」に従属させたことは、それだけに興味深いことである。**すでに述べたように**、政治的存在の具体的現実では、抽象的秩序と規範の系列が支配するのでなく、つねに具体的人間や団体が別の具体的人間や団体を支配するだけから、もちろん、ここでも、政治的に見れば、道徳・法・経済と「規範」の「支配」は、つねに具体的な政治的意味をもつだけである。

注解（一九二七年から変わらず）[10]　ヴェルサイユ条約のイデオロギー的構造は、まさに倫理的情熱と経済的打算のこうした両極性に対応する。第二三一条で、ドイツ国はあらゆる戦争被害と戦争損害の「責任」を承認するよう強制され、法的・道徳的価値判断の基礎を作り出した。「併合」のような政治的概念は回避され、アルザス＝ロレーヌの割譲は、「領土返還」すなわち不正の補償とされ、ポーランド・デンマーク領域の割譲は、民族自決の理想的要求に奉仕するとされ、植民地の放棄は、第二二条で、無私の人道性の産物とさえ宣言される。こうした理想主義の経済的対極をなすのは賠償、すなわち敗戦国の永続的で無制限の経済的搾取である。その結果、こうした条約は「平和」のような政治的概念を全く実現できなかったため、つねに新たな「真の」講和条約が必要になった。一九二四年八月のロンドン議定書(ドーズ案)、一九二五年一〇月のロカルノ条約、一九二六年九月の国際連盟加入というように、一連の系列はまだ終わっていない。

自由主義的思考は、最初から、国家と政治に対して「暴力」という非難の声を上げた。偉大な形而上学的構成と歴史解釈の連関がより広い視野とより強い説得力を提供しなかったならば、この非難は政治的闘争の数多い無力な罵り言葉の一つだっただろう。啓蒙された一八世紀は、人類の向上する進歩という単純明快な直線を目の前に見ていた。進歩は、とりわけ人類の知的・道徳的完成にあるとされた。直線は二つの点の間で動き、狂信から精神的自由と成年へ、教義から批判へ、迷信から啓蒙へ、闇から光へと移った。もっとも、次の一九世紀の前半では、極めて重要な三項形式の構成が現れた。特にヘーゲルの弁証法的段階系列(例えば、自然的共同体—市民社会—国家)とコントの有名な三段階法則(神学から形而上学を経て実証科学へ)がそうである。だが、三項形式には、二項対立のもつ論争的衝撃力が欠けている。そこで、平穏と倦怠と復古の時代の後で闘争が再び始まるや否や、すぐに再び単純な二項形式の対置が勝利した。二元論を決して好戦的に考えていなかったドイツでさえ、一九世紀後半には、O・ギールケの支配と団体、F・テニエスの共同社会と利益社会のような二元論が、ヘーゲルの三項形式の図式に取って代わった。＊Ⅷ〔…〕

最も顕著で、歴史的に最も影響の大きかった事例は、カール・マルクスが定式化したブルジョアとプロレタリアの対置である。この対置は、地上の多くのブルジョアジーを唯一のブルジョアジーに、同様に多くのプロレタリアートを唯一のプロレタリアートにまとめ上げ、こうして強力な味方と敵のグループ分けを作り出すことで、世界史上のあらゆる闘争を、人類の最終敵に対する唯一の最終的闘争に集約しようとした。だが、この対置の説得力は、一九世紀にとり、第一に、自由主義的・市民的敵対者の後を追って、経済的領域に入り込み、敵対者を、この領域で、いわば彼自身の国で、彼自身の武器で追いつめた点にあった。経済的なものへの転換は「産業社会」の勝利で決定していたから、これは必然的だった。英国がナポレオンの軍事的帝国主義に勝利した年である一八一四年を、産業社会の勝利した日付と見ることができる。また人類史を軍事的・封建的社会から産業的・商業的社会への発展と見なすH・スペンサーの歴史解釈を、この勝利の最も単純で最も明白な理論と見ることができる。さらに一九世紀の自由主義的精神全体の創始者バンジャマン・コンスタンが一八一四年に公刊した「征服の精神[と簒奪]」に関する論考を、この勝利の最初の、だがすでに完全に記録された表明と見ることができる。

ここで決定的なのは、一八世紀のまだ主に人道的・道徳的で知性的な進歩、すなわち「精神的な」進歩への信仰が、一九世紀の経済的・産業的・技術的な発展と結びついていた点である。「経済」は、実際には極めて複雑なこれら勢力の担い手だと感じられた。経済、商業と産業、技術的完成、自由と合理化は同盟者だと見なされ、しかも、封建精神、反動、警察国家に対する攻撃的態度にもかかわらず、好戦的な暴力行為に対比すれば本質的に平和的だと見なされた。そこで、一九世紀に特徴的な次のグループ分けが生じる。

経済・産業・技術と結びついた　対　国家・戦争・政治と結びついた
議会主義の形を取る　対　独裁の形を取る
自由・進歩・理性　対　封建主義・反動・暴力行為

先に挙げたバンジャマン・コンスタンの一八一四年の著書には、これらの対置とその可能な組合せの完全なリストがすでに見られる。そこでは、次のように言う。われわれは、戦争の時代が必然的に先行しなければならなかったのと同様に、必然的に戦争の時代に取って代わらなければならない時代、商業と産業の時代に到達している。[11]次に二つの時代の特徴づけが続く。一方は、平和的合意を通じて生活必需品を得ようとし、他方は、戦争と暴力を通じて得ようとする。後者は「野蛮な衝動」なのに対し、前者は「文明化した計算」である。戦争と暴力的征服は、商業と産業が提供できる快適と便利を作り出すことができないから、戦争は何の利益もなく、戦争の勝利は、勝者にとっても得にならない商売である。さらに近代の戦争技術の巨大な発展（ここではコンスタンは、ナポレオン軍の技術的優位の主な要因だった大砲を特に挙げている）は、以前は戦争では英雄的で名誉あるものと見なされていた個人的勇気や闘争の喜びを、無意味なものにした。コンスタンの結論は言う。そこで、今日の戦争は、どんな利益も、どんな魅力も失ってしまった。「人間は、利害によっても、情念によっても、もはや戦争に没頭するよう導かれない」。以前は好戦的民族が商業的民族を征服したが、今日では逆である。

その間に、経済・自由・技術・倫理・議会主義からなる極めて複雑な連合は、その敵対者である絶対主義国家と封建制貴族制の残滓をずっと以前に片付けてしまい、その結果、あらゆる現実的意味を失った。この連合に代わり、今や新たなグループ分けと連合が現れる。経済は、もはや当然に自由ではない。技術は快適に奉仕するばかりか、同様に危険な武器と手段の生産に奉仕する。技術の進歩は、一八世紀に進歩として想像された人道的・道徳的な完成を当然にもたらさず、技術的合理化は経済的合理化の反対物でありうる。にもかかわらず、欧州の精神的雰囲気は、今日まで、一九世紀のこうした歴史解釈に充たされたままであり、その定式や概念は、少なくとも最近まで、古い敵対者の死後も生き続けるように見える活力を保っていた。

最近数十年では、フランツ・オッペンハイマーのテーゼがこの最良の事例である。[12] オッペンハイマーは、その目標として「国家の死滅」を宣言する。彼の自由主義は、国家をもはや武装した事務管理者としてすら認めないほどに急進的である。彼は、価値と情緒を背負った定義を用いて、今や直ちに「[国家の]死滅」を実行に移す。すなわち、国家の概念は「政治的手段」により、(本質的に非政治的な)社会の概念は「経済的手段」により定められなければならない。だが、次に政治的手段と経済的手段を定義する述語は、倫理と経済の両極性の間で動揺し、政治と国家に反対するあの情熱の特徴的な言い換えにすぎず、一九世紀ドイツにおける国家と社会、政治と経済の論争的関係を反映す

る明白に論争的な二項対立にすぎない。経済的手段とは交換であり、給付と反対給付の相互性であるから、相互性、平等、**正義と平和**であり、最終的に「和合と友愛と正義の団体精神」**そのものに**他ならない(27)。これに対し、政治的手段とは「**征服する経済外的暴力**」、あらゆる種類の強奪、征服、犯罪である。国家と社会の関係におけるヒエラルヒー的価値秩序は存続している。だが、ヘーゲルが体系化した一九世紀ドイツの国家観は、「利己主義的」社会**という「動物の国」**の上に高くそびえる国家を、倫理**と客観的理性**の領域として構成したのに対し、価値秩序は今や転倒しており、平和的正義の領域である社会は、**暴力的不道徳の領域に格下げられた**国家よりも**無限に高く**そびえている。役割は交換されたが、神格化は残っている。〔…〕

しかし、善良で正しく**平和的で**、**一言で言えば好ましい**交換を、粗野で**強奪的で犯罪的な政治に対置して**、道徳的な資格剥奪により単純に定義するのは、本来は許されないし、道徳的にも心理的にも、**ましてや科学的にも**正しくない。こうした**方法**によれば、逆に全く同じく、政治を名誉ある闘争の領域として、経済を詐欺の世界として定義できるだろう。というのも、最終的には、政治的なものと強奪や暴力との連関は、経済的なものと狡知や詐欺との連関以上には特有ではないからである。**交換と詐欺は、しばしば密接に連関する**。経済的土台に基づく人間支配は、あらゆる政治責任と可視性を免れることで、非政治的にとどまるならば、まさに恐るべき詐欺として現れざるをえない。交換の概念は、契約当事者の一人が不利益を被り、相互契約の体系が最終的に最悪の搾取と抑圧の体系に転換するのを、概念的には決して排除しない。こうした状況で、搾取され抑圧された者が自己防衛するならば、経済的手段では自己防衛できないのは自明である。経済力の所有者が、自分の権力地位を「経済外的に」変更するあらゆる試みを暴力と犯罪だと呼び、阻止しようとするのは、同様に自明である。これにより、交換と相互契約に基づく、当然に平和的で正しい社会というあの理念的構成が消え去るだけである。残念ながら、高利貸しと恐喝者も、契約の神聖と「契約は守られるべきだ」の命題を引き合いに出す。交換の領域は狭い限界と固有の領域をもっており、万事が交換価値をもつわけでない。例えば、政治的自由と政治的独立に対しては、買収額がどんなに高くても、何の正しい等価物も存在しない。

こうした定義や構成はすべて、最終的に倫理と経済の〈典型的に自由主義的な〉両極性の周りをめぐるだけだから、その助けを借りても、国家と政治を死滅させることはできず、世界を脱政治化しないだろう。経済的対立が政治的になっており、「経済的権力地位」の概念が成立できたことは、あらゆる専門領域からと同じく、経済からも政治的なものの地点に到達できることを示すだけである。ヴァルター・ラーテナウのよく引用される言葉「今日では、政治ではなく経済が運命である」は、こうした印象から成立した。[13]〔だが、〕相変わらず政治は運命にとどまり、経済が政治問題化したがゆえに「運命」となり始めただけだと言うのが一層正しいだろう。したがって、経済的優越の助けで獲得された政治的地位は、（一九一九年に「帝国主義の社会学」でヨーゼフ・シュンペーターが述べたように、）[14]「本質的に非好戦的」だと信じたのは誤りだった。本質的に非好戦的なのは用語だけであり、しかも自由主義イデオロギーの本質からそうなのである。もちろん、経済的に基礎づけられた帝国主義は、借款停止・原料停止・外貨破壊などの経済的権力手段を邪魔されずに適用でき、経済的権力手段で間に合うような地上の状態をもたらそうと努めるだろう。もし一民族や他の人間集団が、この「平和的」方法の作用を免れようとすれば、帝国主義は、これを「経済外的暴力」だと見なすだろう。帝国主義は、より厳しいが、依然として「経済的」で、それゆえに（用語上は）非政治的で本質的に平和的な強制手段、例えば、ジュネーヴ国際連盟が連盟規約第一六条の実施「要綱」で列挙したように（一九二一年第二回国際連盟総会決議第一四項）、民間住民への食糧輸入停止や食糧封鎖という強制手段を使用するだろう。最終的に、帝国主義は、暴力的な物理的殺戮の技術的手段、技術的に完全な近代兵器も手にしており、近代兵器を、**必要ならば現実にも使用できるよう**、資本と知力を動員し、**途方もなく使用可能な水準まで高めてしまっている**。もっとも、こうした手段を使用するため、本質的に平和主義的な新たな語彙が作り出されるが、そこでは、戦争はもはや見当たらず、執行・制裁・処罰・**平和化**・契約保全・国際警察・平和維持**措置**のみが見出される。敵対者はもはや敵と呼ばれず、これに代わり、**平和違反者、平和攪乱者と呼ばれ**、**法の外部、人類の外部に置かれる**。そして、経済的権力地位を維持し拡大するため行われる戦争は、宣伝活動を動員し、「十字軍」へ、「人類最後の戦争」へと**高められ**ざるをえない。倫理と経済の両極性がこれを要求するのだ。確かに、倫理と経済の両極性には〈自由主義的個人主義の〉驚くべき体系性と帰結が示されているが、**自称**非政治的で、一見して反政治的でさえあるこの体系も、現存する味方と敵のグループ分けに奉仕するか、新たな味方と敵のグループ分けにつながるか、このいずれかであり、政治的なものの帰結から逃れることはできない。

後　記

「政治的なものの概念」に関する論文は、一九二七年五月にベルリンのドイツ政治大学で開催された講演で同じ主題を同じテーゼで論じた後で、最初に一九二七年八月〔正しくは九月〕にハイデルベルクの『社会科学・社会政策雑誌』第五八巻一号（一―三三頁）に公刊された。「中立化と脱政治化の時代」に関する講演は、一九二九年一〇月にバルセロナで欧州文化連盟の大会でなされ、一九二九年一一月に『欧州展望』に公刊された。

ここで「政治的なものの概念」に関して述べたことは、途方もない問題を理論的に「枠づける」はずである。[15] 個々の命題は客観的論議の出発点として考えられており、このような状況の厳しさ[*IX]を注視するのを可能にする学問的討議と訓練に役立つはずである。この版は、先に述べた公刊物に比べれば、一連の新たな定式、注、事例を含んでいるが、思考過程そのものの変化や前進を含んでいない。このためには、約一年前から活発に始まっている政治問題の新たな論議の中で、どんな方向や観点が決定的に現れるかを待つことにしたい。

ベルリン　一九三二年一〇月

カール・シュミット

原注

（1）法と政治の対比は、私法と公法の対比と混同されやすい。例えば、ブルンチュリ『一般国法』第一巻（一八六八年）二一九頁、「所有は私法上の概念であり、政治的概念でない」。この**対置**の**政治的**意味は、特に一九二五年と一九二六年、以前ドイツで統治していた王家の財産収用に関して審議した際に現れた。その例として、ディートリッヒ議員の演説から次の文章を挙げたい（一九二五年一二月二日ライヒ議会会議報告、四七一七）。「すなわちわれわれは、ここでは一般に私法的問いでなく、もっぱら政治的問いが問題だという意見である」（民主党員と左翼から「その通り！」）。

（2）「権力」の概念を決定的指標として用いる政治的なものの定義においても、この権力は、大抵は国家権力として現れる。例えば、マックス・ヴェーバーでは、「国家の間であれ、国家の内部で国家が包括する人間集団の間であれ、権力の分け前にあずかり、権力の配分に影響を及ぼす努力」あるいは「政治団体、すなわち今日では国家の指導と国家に影響を及ぼす行為」(『職業としての政治』第二版、一九二六年、七頁)。あるいは「政治の本質は、今後もしばしば強調しなければならないように、闘争であり、同盟者と自発的追随者を募集する活動である」(『新秩序ドイツの議会と政府』一九一八年、五一頁)。H・トリーペルは次のように言う(『国法と政治』一九二七年、一六頁)。「まだ数十年前まで、政治は国家論そのものだと理解された。……そこで、例えばヴァイツは、政治を、諸国家の歴史的発展と現在の国家の状態と欲求を考慮した国家の状況の学問的論議と呼んだ」。次にトリーペルは、ゲルバー＝ラーバント学派の自称非政治的で「純粋」法学的な考察方法と戦後におけるその継承の試み(ケルゼン)を、充分で賢明な根拠を挙げて批判した。だが、トリーペルは、政治的＝国家的という等式にこだわるから、「非政治的純粋さ」というこの要求の純粋政治的意味をまだ認識しなかった。実際には、以下でしばしば示されるように、敵対者を政治的、自分自身を非政治的(すなわちここでは、学問的、公正な、客観的、非党派的等の意味)だと見せかけるのは、典型的な、特に強烈な仕方で政治を営むことなのである。

(3) 一九〇八年四月一九日のドイツ帝国結社法第三条第一項によれば、政治的結社とは

「政治的事柄に影響を及ぼそうとするあらゆる結社」である。その場合、政治的事柄とは、実務では通常、「国家組織の維持または変更に関係するか、国家または国家に編入された公法上の団体の諸機能に影響を及ぼすことに関係する事柄」と呼ばれる。このような言い換えや類似した言い換えでは、政治的事柄、国家的事柄、公共的事柄は互いに区別されない。一九〇六年までプロイセンの実務は、一八五〇年三月一三日の命令の下で(『プロイセン王国法令集』二七七頁)、法人資格をもたない教会的・宗教的結社のあらゆる活動も、宗教的祈禱時間すらも、公共的事柄または公共的事柄の議論に対する影響作用として扱った(一九〇六年二月一二日帝国最高法院判決、ヨホウ『最高法院判決年報』第三一巻、C三二―C三四頁)。実務の発展につき、H・ゲフケン「プロイセン法による公共的事柄、政治的対象と政治的結社」『E・フリートベルク記念論文集』一九〇八年、二八七頁以下、参照。裁判所が宗教的・文化的・社会的・その他の問題の非国家的性格を承認することは、特定の専門領域が、特定の集団や組織が影響を及ぼし利害をもつ領域として、国家やその支配から切り離されることを示す、極めて重要な、それどころか決定的な証しである。一九世紀の表現方法では、これは、「社会」が「国家」から自立することを意味する。その場合、国家論や法学、支配的話法が、政治的＝国家的という等式にこだわるならば、あらゆる非国家的なもの、すなわちあらゆる「社会的なもの」は、それゆえに非政治的である！という(論理的には不可能だが、実践的には一見して避けがたい）結論が出てくる。これは、一部は、残余物と派生物に関するV・パレート学説の一連の視覚的図解に含まれている単純な誤りである（『一般社会学概論』フランス語版、一九一七―一九一九年、第一巻、四五〇頁以下、第二巻、七八五頁以下）。だが、一部は、この誤りと分かちがたく結びつき、現存国家とこの種の秩序と内政上闘う場合に実践上極めて役に立つ、極めて有効な戦術的手段なのである。

（4）ジェーズ『行政法の一般原理』第一巻、第三版、一九二五年、三九二頁。ジェーズにとり、この区別全体は「政治的機会」の問題にすぎない。さらに、R・アリベール『行政の司法的統制』パリ、一九二六年、七〇頁以下。さらなる文献として、スメント「立憲国家における政治権力と国家形態の問題」『カール記念論文集』テュービンゲン、一九二三年、一六頁、『憲法と憲法法』一〇三、一三三、一五四頁、『公法国際研究所公刊物』一九三〇年、のスメント報告、R・ラウン、P・デュエの報告も参照。私は、デュエの報告から（一一頁）、ここで立てた政治的なものの基準（味方と敵志向）にとり極めて興味深い、特に政治的な統治行為の定義を取り出す。この統治行為の定義は、デュフールの（「統治行為論の現代の偉大な制作者」）が『応用行政法概論』第五巻、一二八頁、で立てたものである。「統治行為を構成するものこそ、著者が追求する目標である。内部の敵であれ外部の敵であれ、公然の敵であれ隠れた敵であれ、現在の敵であれ将来の敵であれ、社会の敵に対し、それ自体で捉えられた、または政府に人格化された社会の防

衛を目的とする行為、それが統治行為である」。〔一〕

一八五一年六月にフランス国民議会で、共和国大統領の議会に対する責任が議論され、大統領が、本来の意味で政治的な責任を、つまり統治行為に対する責任を自分で引き受けようとした時、「統治行為」と「単純行政行為」の区別はさらなる意味をもった。エスマン＝ネザール『憲法』第七版、第一巻、二三四頁、参照。似た区別は、商務省は非政治的〔一九六三年版は「政治的」だが、一九三二年版に従う〕業務という意味で「日常的」業務のみを処理できるかという問題に関し、プロイセン憲法第五九条第二項にしたがい、「商務省」の権限が議論された時に見られる。シュティア＝ゾムロ、『公法雑誌』第九巻(一九二五年)二二三頁〔一九三二年版・六三年版は「二二三三頁」だが、一九二七年版に従う〕、L・ヴァルデッカー『プロイセン憲法注釈』第二版、一九二八年、一六七頁、一九二五年一一月二一日ドイツ国事裁判所判決(『ライヒ裁判所民事判例集』第一一二巻、付録五頁)参照。だが、ここでは最終的に、日常的(非政治的)業務と他の(政治的)業務の区別を放棄する。日常的業務(行政)と政治の対置に基づく論文として、A・シェフレ「政治の科学的概念について」『全国家学雑誌』第五三巻(一八九七年)。カール・マンハイム『イデオロギーとユートピア』(ボン、一九二九年)七一頁以下、は、この対置を「方向づける出発点」として引き継いだ。法律(または法)は固定した政治で、政治は生成する法律(法)である、一方は静力学で、他方は動力学である等の区別も同様である。

（5）プラトン『国家』第五巻一六章、四七〇、は、polemiosとechthrosの対立を強く強調するが、polemos（戦争）とstasis（反乱、蜂起、暴動、内戦）という別の対立と結びつけている。プラトンにとり、ギリシア人と（「生来の敵」である）野蛮人の間の戦争だけが現実の戦争であり、これに対し、ギリシア人の間の闘争はstaseis（「哲学叢書」第八〇巻、二〇八頁、の翻訳でオットー・アーペルトは「不和」と訳する）である。ここには、国民は、自己自身に対し戦争を遂行できず、「内戦」は、おそらく新国家の形成や新国民の形成でなく、自己分断のみを意味するという思想が働いている。

hostisの概念には、大抵は『学説集成』のポンポニウスの箇所（五〇、一六、一一八）が引用される。最も明確な定義は、フォルチェリーニ『ラテン語大辞典』Ⅲ、三二〇、五一一に、他の用例とともに見出される。「hostisは、我々が公的に戦争する相手であり、……この点で、我々が私的争いをする相手である*inimicus*から区別される。そこで両者は、inimicusが我々を憎み、hostisが我々と闘うというように区別される」。

（6）そこで、政治的に注目すべき階級が「社会的」要求を挙げた時、初めて「社会政策」が存在する。以前貧困者や困窮者に与えていた福祉事業は、社会政策の問題と感じられず、そう呼ばれなかった。同様に、教会が政治的に注目すべき対抗者として存在する場合にのみ、教会政策が存在した。

（7）マキャヴェリは、例えば、君主政でないすべての国家を共和国と呼んだ。これにより、マキャヴェリは共和国の定義を今日まで定めた。リヒャルト・トーマは、民主政を非特権国家と定義し、これにより、すべての非民主政を特権国家だと宣言する。

（8）ここでも、数多くの種類と程度の論争的性格がありうるが、政治的な造語と概念形成における本質的に論争的要素はつねに見て取れる。これにより、用語の問題は高度に政治的事柄となる。一つの語や表現は同時に敵対的対決の反映・合図・目印・武器でありうる。例えば、第二インターナショナルの社会主義者カール・レンナーは、（学問的に極めて重要な研究『私法の法制度』テュービンゲン、一九二九年、九七頁で、）賃借人が家主に支払うべき家賃を「貢納」と呼ぶ。大抵のドイツの法学者、裁判官、弁護士は、こうした呼び方を、私法関係の許されざる「政治化」、「純粋法律的」「純粋法的」「純粋学問的」論議の攪乱として拒否するだろう。というのも、彼らにとり、問題は「実定法的に」解決されており、そこに含まれている国家の政治的決定は、彼らに承認されているからである。［〜］

逆に数多くの第二インターナショナルの社会主義者は、武装したフランスが武装解除したドイツに強制する支払いを、「貢納」でなく、「賠償」と呼ぶのを重視する。「賠償」は、「貢納」よりも法律的で、法的で、平和的で、非論争的で、非政治的であるように見える。だが、詳しく見れば、「賠償」は一層強烈に論争的で政治的でもある。というのも、この言葉は、法律的で道徳的な無価値判断を政治的に利用して、敗北した敵に支払いを強制し、同時に法的・道徳的資格を剝奪しようとするからである。今日、「貢納」と言うべきか、「賠償」と言うべきかという問題は、ドイツで国内的対立のテーマとなっている。〔～〕

数百年前には、ドイツ皇帝（ハンガリー国王）とトルコのスルタンの間で、皇帝がトルコ人に支払うべきものは「年金」か、それとも「貢納」かという、ある意味で逆の論争が存在した。ここで、債務者は、「貢納」でなく「年金」を支払うのを重視し、これに対し、債権者は、それが「貢納」であるのを重視した。当時、これらの言葉は、少なくともキリスト教徒とトルコ人の関係では、外見上は開放的で客観的であり、法律的概念は、おそらくまだ、今日と同じ程度には政治的強制手段になっていなかった。だが、この論争に言及したボダンは（『国家論六巻』第二版、一五八〇年、七八四頁）、大抵は「年金」も、他の敵からでなく、とりわけ保護者から自分自身を守り、侵略を免れるため、もっぱら支払われると付け加えている。

（9）「自由に意欲する人間の共同体」が「社会的理想」だという、新カント派に根拠づけられたルドルフ・シュタムラーのテーゼに対し、エーリッヒ・カウフマンは、次の命題を対置した（『国際法の本質と事情変更の原則』一九一一年、一四六頁）。「自由に意欲する人間の共同体でなく、勝利する戦争が社会的理想である。あの最高目標（世界史への国家の関与と世界史における自己主張）に至る最終手段としての勝利する戦争」。この命題は、「社会的理想」という典型的に新カント派的・自由主義的観念を引き継いでいるが、戦争も、勝利する戦争も、この観念とは全く比較できず、相容れないものである。この命題は、［社会的理想という］この観念を、何の「社会的理想」も存在しないヘーゲル派やランケの歴史哲学の世界に由来する「勝利する戦争」の観念と結びつけている。そこで、第一印象では際立つアンチ・テーゼは、二つの矛盾する部分に分割され、好対照の修辞的迫力も、構造的な首尾一貫性の欠如を覆い隠せず、思想の断絶を癒すことができない。

(10) クラウゼヴィッツは言う（『戦争論』第三部、ベルリン、一八三四年、一四〇頁）。「戦争は、他の手段を介入させた政治的交渉の継続である」。戦争は、彼にとり、「政治の単なる道具」なのだ。確かに戦争はその通りだが、政治の本質を認識するための戦争の意味は、これでは、まだ言い尽くされていない。厳密に見れば、クラウゼヴィッツでは、戦争は多くの道具の一つでなく、味方と敵のグループ分けの「最後の手段」なのだ。戦争は自分自身の「文法」（すなわち軍事技術的な固有法則性）をもつが、政治が戦争の「頭脳」にとどまり、戦争は「自分自身の論理」をもたない。すなわち、戦争は、自分自身の論理をもっぱら味方と敵の概念から手に入れる。一四一頁の命題があらゆる政治的なもののこの核心を明らかにする。「戦争が政治に属するならば、戦争は政治の性格を身に付けるだろう。政治が偉大で強力になれば、戦争もそうなるが、これは、戦争が絶対的形態に到達する高みにまで上昇する」。他の数多くの命題も、政治に特有のあらゆる考慮はいかにあの［味方と敵の］政治的カテゴリーに基づいているかを証明する。例えば、とりわけ同盟戦争と同盟に関する詳述、前掲、一三五頁以下、H・ロートフェルス『カール・フォン・クラウゼヴィッツ――政治と戦争』ベルリン、一九二〇年、一九八、二〇二頁、参照。

(11)「この巨大な出来事、……歴史上これほど巨大な場所を占めた途方もない驚くべき存在の死。国家は死んだ」。E・ベール（その理念はジョルジュ・ソレルに由来する）『社会主義運動』一九〇七年一〇月、三一四頁。レオン・デュギーは、講演集『社会権、個人権と国家の転回』（初版、一九〇八年）でこの箇所を引用する。彼は、「主権をもつ人格的な国家は死んだ、あるいは死滅しつつある。」（一五〇頁）と言って満足した。こうした命題は、デュギーの著書『国家』（パリ、一九〇一年）にはまだ見られないが、主権概念の批判はすでに同じである。今日の国家のサンディカリズム的診断のさらなる興味深い事例として、エスマン『憲法』（ネザールの第七版、一九二一年）第一巻、五五頁以下、とりわけ、**マクシム・ルロワの特に興味深い著書『公権力の転回』（一九〇七年）**。サンディカリズムの学説は、国家の診断に関しても、マルクス主義の構成から区別しなければならない。マルクス主義者にとり、国家は、死んだか、死滅しつつあるのでなく、むしろ階級なき、したがって国家なき社会を導入する手段として必要であり、さしあたりまだ現実的である。国家は、まさにマルクス主義の教義の助けを借りて、ソヴィエト国家で、新たな活力と生命を手に入れた。

(12) コールのテーゼの納得できる概観的要約は、彼自身により定式化されて、『アリストテレス協会公刊物』第一六巻(一九一六年)三一〇—三二五頁、に印刷されている。ここでも、中心的テーゼは、「国家は、他の種類の人間団体と本質上等しい」である。ラスキの著書として、『主権の問題の研究』(一九一七年)、『近代国家における権威』(一九一九年)、『主権の基礎』(一九二一年)、『政治学入門』(一九二五年)、「法と国家」『公法雑誌』第一〇巻(一九三〇年)一—二五頁。さらなる文献は、クンチュアン・シャオ「蕭公権」『政治的多元主義』(ロンドン、一九二七年)。多元主義批判として、W・Y・エリオット『アメリカ政治学批評』第一八巻(一九二四年)二五一頁以下、『政治学のプラグマティックな反乱』(ニューヨーク、一九二八年)、カール・シュミット「国家倫理と多元主義国家」『カント研究』第三五巻(一九三〇年)二八—四二頁。今日のドイツ国家の多元主義的分割と多元主義体系の展示場への議会の発展につき、カール・シュミット『憲法の番人』(テュービンゲン、一九三一年)七三頁以下。

(13) フィッギス『近代国家における教会』(ロンドン、一九一三年)二四九頁、は、メイトランド(その法制史的研究が多元主義者に同様に影響を及ぼした)が、ギールケの『ドイツ団体法論』（上記、一九頁参照）は「自分がこれまで読んだ最大の本」だと述べたと伝えているが、次のように言う。教会と国家、すなわち教皇と皇帝、より厳密には聖職者身分と世俗的諸身分の中世的争いは、二つの「社会」の闘争でなく、同じ社会的統一内部の内戦だったのに対し、今日ここで対決するのは二つの社会、二つの人民である。これは、私の考えでは当たっている。なぜなら、教会分裂以前の時代には、教皇と皇帝の関係は、「教皇が権威をもち、皇帝が権力をもつ、すなわち同じ統一の内部で権限の分配が存在する」と定式化できたのに対し、カトリックの教説は、一二世紀以来、教会と国家は二つの社会、しかも（それぞれ各領域で主権をもち、自足的な）二つの完全な社会であることにこだわった。この際に、もちろん、教会の側では、唯一の教会のみが完全な社会だと認められたのに対し、国家の側では、今日、完全な社会の（無数でないとしても）多元性が現れる。もっとも、この社会の「完全性」は、その多数により極めて疑わしくなる。カトリック教説の極めて明確な要約として、パウル・ジーモンの論文「国家と教会」『ドイツ民族』ハンブルク、一九三一年八月号、五七六―五九六頁。〔～〕

もちろん、英米の多元主義理論に典型的な教会と労働組合の並置は、カトリック理論では考えられない。同様にカトリック教会は、労働者インターナショナルと本質上等しいと扱うことはできないだろう。エリオットが適切に論評するように、実際には教会は、ラスキにとり、労働組合の「隠れ蓑」として役立つにすぎない。ところで、残念ながら、カトリック側でも多元主義者の側でも、双方の理論とその相互関係の明確で根本的な論議は欠けている。

(14) ラスキは、英国カトリック教徒とグラッドストーンの論争も引き合いに出すから、ここでは、後の枢機卿ニューマンのノーフォーク公爵への手紙から(グラッドストーン『ヴァチカン教令の、臣下の忠誠にとっての意味』一八七四年)、以下の文章を引用したい。「教皇とその同盟者に対してイタリアを支持するため、英国が装甲艦を派遣しようとすると想定しよう。そうすれば、確かに英国のカトリック教徒は、これに大変憤慨し、戦争の始まる前にも教皇を支持し、戦争を阻止するため、あらゆる憲法上の手段を講じるだろう。だが、戦争がいったん勃発すれば、彼らの行動様式は、戦争終結のため祈り、努力する以外に何かあるだろうと誰が信じるのか。彼らが背信的性格の何らかの行為に踏み切るだろうとどんな根拠から主張できるだろうか」。

(15)「総動員の日に、それまで存在した社会は共同体へ変わったと言える」。E・レーデラー『社会科学・社会政策雑誌』第三九巻(一九一五年)三四九頁。

(16)『戦争と平和の法』第一巻第一章第二条「私は正義を(戦争の)定義に含めない」。中世スコラ学では、異教徒に対する戦争は正しい戦争と見なされた(したがって、「執行」でも「平和的措置」でも「制裁」でもなく、戦争と見なされた)。

(17) 公式のドイツ語訳(ライヒ官報、一九二九年、Ⅱ、九七頁)は、「国際紛争を解決する手段として戦争を断罪する(verurteilen)」と言うのに対し、英語テクストはcondemn、フランス語テクストはcondamnerと言う。一九二九年[正しくは一九二八年]八月二七日ケロッグ条約のテクストは、極めて重要な留保付きで――英国は国民的名誉、自衛、国際連盟規約とロカルノ条約、エジプト・パレスティナ等の領土の安寧と不可侵、フランスは自衛、国際連盟規約、ロカルノ条約と中立条約、特にケロッグ条約自身の遵守、ポーランドは自衛、ケロッグ条約自身の遵守、国際連盟規約――、資料集『国際連盟と平和確保の政治問題』(トイブナー歴史教育資料集、Ⅳ、一三)ライプツィヒ、一九三〇年、に印刷されている。留保という一般法律的問題は、契約の不可侵と「契約は遵守すべきだ」という命題が詳しく議論された場合も、まだ体系的に論じられていない。だが、従来欠けている学問的論述の極めて注目に値する端緒は、カール・ビルフィンガー「政治的権利の考察」『外国公法雑誌』第一巻、五七頁以下、ベルリン、一九二九年、に見られる。平和化された人類の一般的問題につき、第六節以下の本文の詳述、参照。ケロッグ条約が戦争を禁止せず、是認している点につき、ボーチャード「ケロッグ条約は戦争を是認する」『外国公法雑誌』一九二九年、一二六頁以下、アルトゥール・ヴェグナー『法学入門』Ⅱ(ゲシェン、一〇四八号)一〇九頁以下、参照。

(18) この種の非公共的で政治的に無関心な特殊存在を、何らかの仕方で(外国人法による特権化、組織的隔離、治外法権、滞在許可と認可、在留外国人立法やその他の方法により）規制するのは、政治共同体の問題である。危険のない非政治的実存（ブルジョアの定義）への努力につき、下記七〇頁のヘーゲルの言葉を参照。

（19） 戦争の「追放」につき、上記五三頁、参照。プーフェンドルフは（『自然法と万民法』Ⅷ c.Ⅵ、五節）、特定の国民は「本性上追放されている」、例えばアメリカ・インディアンは、人肉を食べるため、追放されているというベーコンの言葉を引用し、同意している。[16] 事実、北米インディアンは現実に絶滅されてしまっている。文明が進歩し、道徳性が向上すれば、人肉食よりも無害なことでも、そうした仕方で追放されるにはおそらく充分だろう。おそらく将来は、一国民が債務を支払えないだけで、追放されるのに充分だろう。

（20）『国際連盟の中心問題』ベルリン、一九二六年。

（21）『政治的神学』一九二二年、五〇頁以下、『独裁』一九二一年、九、一〇九頁、一一二頁以下、一二三、一四八頁。

（22）『独裁』一一四頁、参照。「人民は善で、行政官は腐敗すると想定しないすべての制度は……（非難すべきだ）」というバブーフによる護民官の定式は、自由主義的意味でなく、**治者と被治者の民主的同一性の意味で考えられている**。

（23） 自由主義者ブルンチュリは、『近代国家論、第三部科学としての政治』（シュトゥットガルト、一八七六年）五五九頁で、シュタールの政党論に対し、（彼の政党論では全く論じられていない）法学は、人間の邪悪さからでなく、法律家の黄金律「誰もが誠実だと推定される」から出発するのに対し、シュタールは、神学者の仕方で人間の罪深さを思想系列の頂点に置いていると主張する。もちろん、法学は、ブルンチュリにとり、私法学である（前掲、注（1）、参照）。法律家の黄金律は、立証責任を規制する点に意味があるが、その前提は、国家の存在が、**危険に対し平和な秩序を保障することで「道徳の外的秩序」を創り、その枠内で人間が「善良」でありうる正常な状況を創り出す**ことである。

（24）神学が道徳神学になればなるほど、この選択の自由の観点が現れ、人間の根本的罪深さの理論は薄れる。「人間は自由であり、選択の自由を備えている。したがって、本性上善でもなく、本性上悪でもない」。イレナエウス『反異端論』（第四編、三七章、ミニュ版、第七巻、一〇九九頁）。

（25）結合例は容易に増やすことができる。一八〇〇年から一八三〇年までのドイツ・ロマン派は、伝統的で封建的な自由主義、すなわち、社会学的に言えば、近代的な市民運動である。市民階級は、当時存在した封建的伝統の政治力を取り除くにはまだ充分に強力でなく、そこで、後に本質的に民主主義的なナショナリズムや社会主義と協力しようとしたように、この封建的政治力と協力しようと試みた。一貫して市民的な自由主義からはまさに何の政治理論も得ることはできない。これこそ、ロマン派が何の政治理論ももつことができず、つねに支配的な政治勢力に適応することの究極の理由である。G・フォン・ベロウのように、つねに「保守的」ロマン派のみを見出そうとする歴史家は、この極めて明白な連関を無視せざるをえない。典型的に自由主義的な議会主義を文学的に代表する三人の偉大な使者は、三人の**典型的な**ロマン派、バーク、シャトーブリアン、バンジャマン・コンスタンだ〈!〉。

(26) 自由主義と民主主義の対立につき、カール・シュミット『現代議会主義の精神史的状況』第二版、一九二六年、一三頁以下。さらに、自由主義と民主主義の鋭い分離を同様に承認するF・テニエスの論文「民主主義と議会主義」『シュモラー年報』第五一巻、一九二七年(四月)、一七三頁以下。さらに、極めて興味深いH・ヘーフェレの論文、雑誌『高地』、一九二四年一一月、参照。**民主主義と全体国家の関連につき、上記一六頁。**

(27) F・ザンダー「社会と国家――フランツ・オッペンハイマー社会理論研究」『社会科学・社会政策雑誌』第五六巻、一九二六年、三八四頁、の要約、参照。

訳注

[1] アウグスト・シェッツは、シュミットのバイエルン副総司令部時代(一九一五年三月―一九一九年六月)の同僚だった。

[2] H・モーゲンソー(後に米国シカゴ大学の国際政治学者)によれば、「強さの程度」

(Intensitätsgrad)の基準は、シュミットが、モーゲンソーの博士論文『国際司法』(一九二九年)から借用したという(Morgenthau 35、宮下、一二三、五七頁以下)。この主張は、遺稿中のモーゲンソー宛シュミット書簡や博士論文への書き込みから証明されている(BPSD 22, 284)。

［3］二〇一八年版編者は、この用語法が、「「キリスト」の概念は論争的概念だ」というキルケゴールの言葉(一八五五年)に由来すると指摘するが(BPSD 93, Anmerkung a)、シュミットは、すでにミュンヘン商科大学時代の講義録(一九一九年)で、主権概念が「諸身分の権利と教会の権利に対する「論争的概念」(ギールケ)」だったと述べている(TB II 480)。

［4］二〇一八年版編者は、「戦争に対する戦争」や後出の「人類最後の最終的戦争」とは、米国大統領ウィルソンが第一次大戦参戦を正当化した標語だと指摘するが(BPSD 113 Anmerkung a)、ここで「平和主義者」と言う場合、K・アイスナーら独立社会民主党の反戦派社会主義者を、「非人間的な戦争」と言う場合、一九一九年春にミュンヘンでシュミットが経験したレーテ共和国との内戦体験を念頭に置いている。

［5］グロティウスは、正義を戦争の定義に含めないが、正義を戦争概念の中心に位置づけている。「わたしは(戦争の)定義に正義を含めない。なぜならば、われわれはこの研究においてまさにその点を、すなわち、正当な戦争というものが存在するのか、またど

のような戦争が正当なのか、を探究するのである」(グローティウス研究会「グローティウス『戦争と平和の法』(第一巻第一章)邦訳(1)」『日本法学』第五二巻第一号、一九八六年、一六八頁)。

[6] 国際連盟の理念が、一八世紀に君主同盟と論争的に対決して発展したとは証明できない。カント「世界市民的見地における一般史の構想」(一七八四年)のように、国際連盟は、むしろ人間間や国家間の自然状態を克服する手段と見なされた(BPSD 173 Anmerkung a)。

[7] 「両極性」「無差別点」はシェリング同一哲学の用語(「私の哲学体系の叙述」『シェリング著作集三』(燈影舎)参照)。自然と精神の二つの世界という「両極性」は、絶対的同一性という「無差別点」で同一に帰するというシェリングの思想を示し、第八節では、倫理的理想と経済的競争という「両極性」が政治的なものの否定で同一に帰するという自由主義批判へと転用される。

[8] 『イソップ寓話』の中で、ロードス島でオリンピック選手より高く跳躍したと自慢する法螺吹きに聴衆が要求した言葉(『イソップ寓話集』(岩波文庫)四六頁、参照)。ヘーゲルが『法哲学綱要』序文で引用し、「現にあるものの概念的把握が哲学の課題である」という彼の思想を示す(『法の哲学』(上)(岩波文庫)三七頁、参照)。

[9] ヘーゲルのイエーナ期草稿『倫理の体系』(一八〇二―〇三年)からの引用。『ヘーゲ

ル全集』第五巻、ハンブルク、一九九八年、三二九、三三一頁、参照。しかし、シュミットは、イエーナ期ヘーゲルの相互承認の概念を考慮していない。

[10] 以下の段落は、一九二七年版では、本文でなく、注(19)に置かれていた。

[11] 一九六三年版では、文章の後半部分は、「必然的に戦争の時代に取って代わらなければならない時代にいる。」と簡略化されている。一九三二年版から変わっている箇所である。

[12] F・オッペンハイマー『国家』(フランクフルト、一九一九年)。日記帳によれば、一九二八年四月八日にシュミットは、「オッペンハイマーと気持ち良い長い会話」を楽しんだ(TB IV 217)。

[13] W・ラーテナウによる一九二一年九月二八日ドイツ全国工業連盟大会の演説。「政治は運命である」は、ゲーテが伝えるナポレオンの言葉。W・ラーテナウは、一九二一年五月にヴィルト内閣の復興相、一九二二年一月に外相となり、ヴェルサイユ条約を忠実に履行する履行政策を推進したが、同年六月二四日に不満をもつ極右派に暗殺された。

[14] J・シュンペーター「帝国主義の社会学」『社会科学・社会政策雑誌』第四六巻、一九一八／一九一九年、二八七頁、参照。

[15] 一九三一年一〇月一六日書簡でシュミットは、「私は、「政治的なものの概念」への最良の同意の表明をシオニストから受け取った。「枠づける」(encadrieren)という後記の

表現は、ロッテルダムの極めて敬虔なユダヤ人に由来する」と述べている(BW Feuchtwanger 353)。遺稿によれば、これはE・ヴレーシュフーヴァを指す(BPSD 259 Anmerkung b)。

[16] 実際には、プーフェンドルフは、『自然法と万民法』(一六八四年版)で、ここで引用されるベーコンの言葉を拒否している(BPSD 171 Anmerkung b)。

政治的なものの概念（一九三三年版）

一九一七年八月二八日モンセルール突撃で戦死した、ミュンヘン出身のわが友アウグスト・シェッツの思い出に

［序］

『政治的なものの概念』初版は、一九二七年八月にハイデルベルクの『社会科学・社会政策雑誌』に公表された。第二版は、一九三二年一〇月にミュンヘンとライプツィヒでドゥンカー・ウント・フンブロート社から公刊された。

1　［政治的なものの基準としての味方と敵の区別[1]］

本来の政治的な区別とは味方と敵の区別である。**この区別は、人間の行為と動機にその政治的意味を与える。最終的に、**あらゆる政治的行為と動機はこの区別に還元できる。したがって、この区別は、**特徴づける指標、つまり**基準という意味での概念規定をも可能にする。この区別は、他の指標から導き出せないかぎり、政治的なものにとり、道徳における善と悪、美における美と醜、経済における利と害のような、他の対立の相対的に独立した指標に対応する。いずれにせよ、この区別は、道徳等と同じ種類の独自の新しい専門領域という意味ではなく、他の対立の一つまたはいくつかに基づかず、他の対立に還元できず、他の対立により否定も反論もできないという意味で、自立的である。善と悪、美と醜、利と害の対立が、そのまますぐに同じでなく、直ちに相互に還元されないとしても、味方と敵のずっと深い対立は、はるかにそれ以上に、他の対立のいずれかと取り違えて混同してはならない。

味方と敵の区別は、結合または分離の最も強力な強さを意味している。道徳的・美的・経済的・その他のすべての区別が［味方と敵の区別と］同時に適用される必要はなく、味方と敵の区別は、理論的にも実践的にも存在できる。政治的敵は、道徳的に悪である必要はないし、美的に醜い必要もない。政治的敵は、経済的競争者として現れる必要はないし、政治的敵と取引するのは、もしかしたら有利で割に合うとすら思われるかもしれない。だが、政治的敵とは他者であり、他人にとどまる。政治に特有な関係は、味方――同種の者と同盟者[2]――だけでなく、敵も存在することにより可能になる。

敵は、特に強い意味で実存的に言って、他者であり、他人である。極端な場合には、敵との実存的紛争が起こりうるが、こうした紛争は、予め一般的規範を設定しても、また「関与しない」がゆえに「非党派的な」第三者が判定しても、解決できない。「極端な場合」が存在するかという問いも、自分の実存を防衛し、自分の存在を守る――自分の存在に固執する[3]――ため、「極端な手段」として何が生活上必要になるかというさらなる問いも、他人は解決できない。他人と異種の者は[2]、厳密に「批判的」、「客観的」、「中立的」、「純粋に学問的」な態度をとり、類似した装いの下で自分の異なる判断を混入させるかもしれない。他人の「客観性」は政治的な装いにすぎないか、それとも本質的なものをすべて見誤る全くの無関係性かである。政治的決定では、正しく認識し、理解する可能性も、それとともに、口をはさんで判断する権限も、実存的な参加と関与のみに、つまり真の参加のみに基づいている。したがって、関与する当事者だけが、極端な紛争の事例を自分自身で解決できる。特に、具体的に存在する紛争の事例では、他人の他者的あり方が自分自身の実存の否定を意味するのか、したがって、存在に応じた自分自身の生活を維持するため、防御し、闘争しなければならないのか、当事者一人一人がもっぱら自分自身で決定できる。

現実の心理では、敵は、すぐに悪しきもの、醜いものと扱われる。というのも、あらゆる区別は、そして、もちろん大抵の場合、最も強力で強烈な区別とグループ分けである政治的な区別は、他のあらゆる**可能な**区別を、**自分を意識的に正当化し根拠づけるため**、引き入れて、**利用する**からである。これは、**政治的**対立の自立性**と決定的性格**を何ら変更しない。したがって、逆のことも当てはまる。道徳的に悪であり、美的に醜い、あるいは経済的に有害であることが、それだからといって、まだ敵である必要はない。道徳的に善であり、美的に美しく、経済的に有益であることが、言葉の政治的意味で、まだ味方にはならない。味方と敵というこうした特有な対立を他の区別から切り離し、自立的なものとして把握する**のが可能な点に**、政治的なものの自立性がすでに示されている。

2 ［敵対関係の現象形態としての戦争］

味方と敵の言葉は具体的・実存的な意味で解釈しなければならない。**隠喩または象**

徴の話法として解釈してはならず、経済的・道徳的・その他の観念に混入されて弱められるのでなく、ましてや私的・個人主義的な意味で私的感情や傾向の心理的表現として解釈してはならない。味方と敵の言葉は、**あらゆる人間の実存と同じく、精神的種類のものだが、**規範的対立ではなく、「純粋に精神的」対立でもない。自由主義は、自由主義に典型的な(下記**第九節**で詳しく扱われる)精神と経済のディレンマの中で、敵を取引面からは**単なる**競争相手へと、精神面からは**単なる**討論の反対者へと解消しようと試みた。確かに、**純粋に**経済的なものの領域では、敵でなく、競争相手だけが存在し、すっかり道徳化されて倫理化された世界では、おそらく**すべてにつき話し合う用意がある**討論の反対者だけが存在するだろう。諸国民が相変わらず現実には味方と敵にグループ分けするのを非難すべきだと考え、そこに、おそらくは野蛮な時代の先祖返り的な残余を見出す**かもしれない**。いつかは味方と敵の区別が地上から消え去るだろうと望む**かもしれない**。教育的**・戦術的**理由から、**こうした不愉快なことには沈黙し、**およそ敵はもはや存在しない**かのように振舞うのが目的にかない、正しいと考えるかもしれない。**これらすべてはここでは問題にならない。ここで問題なのは、擬制や規範でなく、存在に応じた現実のあり方や味方と敵の区別の現実的可能性である。先のような**進歩の**望みと教育的努力を共有できようができまいが、諸国民が、実**際に**味方と敵の対立にしたがいグループ分けし、この対立が、今日もまだ現実には、政治的に実存するあらゆる人民にとり、現実的可能性として存在するのを、**正直に言えば**、理性的には否定できない。

敵は、競争相手でも敵対者一般でもない。**敵は、競技の相手、「アゴーン」という流血の競技における「対抗相手」でない**[1]。敵は、**ましてや**反感的感情で憎む**何かの**私的敵対者でもない[2]。敵とは、少なくとも場合により、すなわち現実的可能性として実**存のために**闘争する人間総体であり、同様な人間総体に対立する人間総体である。公的な敵のみが敵である。というのも、こうした**闘争し自己貫徹する**人間総体、とりわけ人民全体に関係するすべてのことは、それにより公的になるからである。敵は、ラテン語の公敵(hostis)であり、広義の私敵(inimicus)でない。ギリシア語の戦争敵(polemios)であり、私敵(echthros)でない[3]。他の言語と同じく、ドイツ語も私敵と政治的敵を区別しないから、ここでは、多くの誤解と歪曲が起こりうる。多く引用される「聖書の」箇所「汝の敵を愛せ」(「マタイ福音書」第五章四四節、「ルカ福音書」第六章二七節)は、「汝の私敵(inimicus, echthros)を愛せ」であり、「汝の公敵(hostis)を愛せ」ではない。

政治的敵は問題ではない。**ところで、私が知るかぎり、**キリスト教とイスラム教の千年間の戦争でキリスト教徒は、サラセン人やトルコ人への愛ゆえに、欧州を守らず、イスラムに明け渡さなければならないという思想には決して達しなかった。政治的意味の敵を**私的・**個人的に憎む必要はなく、自分の「敵」、すなわち敵対者を愛するのは、私的領域において初めて意味をもつ。あの聖書の箇所は、善と悪、美と醜の対立を廃止しようとしないばかりか、はるかそれ以上に、政治的対立に触れない。聖書の箇所は、とりわけ、自国民の**政治的**敵を**政治的味方だと見なし、**自国民に反して支持すべきだとは述べない。

政治的対立は最も強烈で極端な対立であり、あらゆる具体的な対立状態は、味方と敵のグループ分けという極端な地点に近づけば近づくほど、それだけ政治的になる。**政治的統一**の本質は、統一の内部でこの極端な対立状態を排除する点にある。したがって、前世紀の欧州の歴史にとり、政治的統一の古典的形態を表している国家は、あらゆる政治的決定を独占し、これにより国家内の和平をもたらそうとする。これは、政治的なものを国家的なものと同一視し、国家的なものを政治的なものと同一視するという、よく普及しており、特に国法学者によく知られた用語法を正当化する。こうして、第一義的に政治的決定への近さと程度に応じて、「政治的」という言葉の様々な種類の意味が生じる。国家は、全体として自分自身で味方と敵を決定する組織された政治的統一だが、特にこの国家の内部では、国家に留保された第一義的に政治的な決定と並んで、国家によりなされた決定に守られてその陰の下で、現存国家への関連により特徴づけられた多くの第二義的に「政治的なもの」の概念が考えられる。例えば、「国家政治的」態度を政党政治的態度に対置することができる。国家そのものの宗教政治、学校政治、自治体政治、社会政治等を語ることもできる。ここでは、平和になった政治的統一の内部の対立が問題だから、味方と敵の対立は後退する。確かに、ここでも、あらゆる対立を包括する国家の政治的統一の実存により相対化されているが、国家内部の対立と敵対が、つねに政治的なものの概念を構成している[4]。しかし、こうした対立は、共通の統一を肯定するもっぱら「アゴーン的」な価値の闘争なのか、それとも、すでに政治的統一を否定する味方と敵の真の対立の始まり、すなわち潜在的な内戦なのか、まだ明らかではない。

　激しい私的対立が大きな政治的決定を混乱させる場合、さらに別の、寄生的存在にまで弱められた種類の「政治」が発展する。ここでは、本来の味方と敵のグループ分けの中で、**競争関係の観点**のみが残されており、**この関係**は、あらゆる種類の戦術と策略、**計略**と陰謀に表れ、極めて奇妙な取引と操作を「政治」と**思わせる**。

だが、「緊急事態」の意識が全く失われた場合でも、通常の用語法そのものは、具体的対立状態への関係づけが政治的関係の**特徴を**含んでいることを言い表している。すぐに確認できる二つの**事実は、政治的なものの特性を**日常的に目に見える**ようにする**。

第一に、あらゆる政治的な概念・観念・言葉は、論争的な意味をもっている。それらは、具体的な対立状態を念頭に置いており、（戦争や革命に表れる）味方と敵のグループ分けを最終的帰結とする具体的状況に結びついているから、この状況がなくなれば、空虚な幽霊じみた抽象と化する。国家、共和国[5]、社会、階級、さらには**（教皇や人民の恩恵に対立した）神の恩恵**、主権、法治国、絶対主義、独裁、計画、中立的国家または全体国家、**マルクス主義、プロレタリアと労働者**という言葉は、こうした言葉が、具体的に誰を指し、誰と闘い、誰を否定し、誰を反論するべきかを知らなければ、理解できなくなる[6]。「**法**」「**秩序**」「**平和**」**が何を意味するかも、敵により具体的に定められている**。論争的性格は、とりわけ「政治的」という言葉や「**非政治的**」という言葉自体の用語法も支配している。時には、敵対者を（具体的なものを見誤る、世間知らずの意味で）「非政治的」と見せかけることもあるし、時には、逆に敵対者を「政治的」と呼び、資格剝奪し、これにより自分自身を（純粋客観的・純粋学問的・純粋道徳的・純粋法律的・純粋美学的・純粋経済的な意味で、あるいは似たような論争的純粋さに基づき）「非政治的」と呼び、敵対者から際立たせようとすることもある。

　第二に、（一九一九年から一九三二年のドイツ国がそうだったように）異なる種類の多数の政党に支配された多元主義的政党国家では、「政治的」という言葉は、「政党政治的」と同じ意味になる。あらゆる政治決定に避けがたい「非客観性」は、あらゆる政治行動に内在する味方と敵の区別を反映するものにすぎないが、この場合、非客観性は、政党政治的な官職補充と利権政治の浅ましい形式と視野の中に表れる。そこから生じる「脱政治化」の要求は、政党政治の克服、つまり脱政党政治化等を意味するにすぎない。政党が国家と人民の上に位置し、「内政の優位」が当てはまるならば、政治的＝政党政治的というこの等式が可能になる。その時、「国家」の包括的な政治的統一はあらゆる国内政治的政党とその対立状態を相対化するという思想がその力を失い、したがって、国内での対立が、他国に対する共通の対外政治での対立よりも強い強度をもつ。国家内部で、政党政治的対立が**実際に**政治的対立「そのもの」となったならば、「国内政治的」系列の最高の程度に到達している。**もはや**対外政治での味方と敵のグループ分けでなく、国内での味方と敵のグループ分けが、武装した対決にとり決定的になる。政治につき語りうるには、闘争の現実的可能性はつねに存在していなければならないが、こうした「内政の優位」の場合、この可能性は、当然の帰結として、もはや組織された国民的統一（国家または帝国）の間の戦争ではなく、内戦に関係してくる。

3

［続］[4]

敵の概念には、**武装した**闘争が、**すなわちここでは戦争が**現実の領域で偶発する可能性が含まれる。［戦争という］この言葉では、歴史的発展から生じた戦争技術と武器技術のあらゆる偶然的変化は度外視しなければならない。戦争は、組織された政治的統一の間の武装した闘争であり、内戦は、（問題になりつつある）組織された統一の内部の武装した闘争である。武器の概念において本質的なことは、人間を物理的に殺戮する手段が問題であることである。敵という言葉と同じく、ここで**戦争**という言葉は、存在に応じた本来の状態の意味で理解しなければならない。それは、**非政治的・アゴーン的競技も意味しないし、ましてや単なる**競争も意味しないし、討論の**自称**「純粋精神的」闘争も意味しないし、最終的にあらゆる人が何らかの仕方でつねに行っている象徴的「格闘」も意味しない。というのも、とにかく人間の生活全体が「闘争」であり、あらゆる人は「闘争者」だからである。味方、敵、**戦争**の概念は、とりわけ物理的殺戮の現実的可能性に関係し、関係し続けることによって、現実的意味をもつ。戦争は敵対関係から生じる。というのも、敵対関係は、他者の存在の、存在に応じた否定だからである。戦争は、敵対関係の最も極端な実現にすぎない。戦争は、日常的なもの、正常なものである必要はないし、理想的なものまたは望ましいものと感じられる必要もないが、敵の概念が意味をもつかぎり、戦争はおそらく現実の可能性としてとどまり続けなければならない。

政治的なものは、それ固有の技術的・心理的・軍事的法則をもつ闘争そのものにはなく、戦争の現実的可能性に規定された態度に、つまりこれに規定されたそれ固有の

状況の明確な認識と、味方と敵を正しく区別する課題にある。これは、政治的実存が血腥《ちなまぐさ》い**争い**にほかならず、あらゆる政治的行為が軍事的闘争行為であるかのような意味では決してないし、あらゆる国民が他の国民に対して、絶えず持続的に味方か敵かという選択を迫られており、政治的に正しいことがまさに戦争の回避にはないかのような意味では決してない。ここでなされた政治的なものの定義は、**戦争挑発的でも軍国主義的でもなく**、帝国主義的でもなければ、平和主義的でもない。この定義は、戦争または革命を「社会的理想」と見せかける試みでもない。というのも、戦争や革命は、**たとえ成功に終わるとしても**、「社会的なもの」でもなければ、「理想的なもの」でもないからである。[5] 軍事的闘争そのものは、それ自体で捉えれば、クラウゼヴィッツの有名な言葉が大抵は不正確に引用されるように、(7)「他の手段による政治の継続」ではなく、固有の戦略的・戦術的・その他の規則と観点をもっているが、これら規則と観点はすべて、誰が敵かという政治的決定がすでになされているのを前提とする。**兵士ではなく、政治家が敵を決定する。軍事的闘争が始まるや否や、戦闘員と戦争当事者は**、公然と**敵**同士で対立し、通常は「制服」で**目に見える敵対者**として特徴づけられるから、味方と敵の区別は、もはや闘争する兵士が解決すべき政治的問題ではない。**（戦士と異なり）兵士そのものは、むしろ戦争を競技とし、政治的態度からアゴーン的態度へと移行しやすい。**「政治家は、兵士よりも良く、闘争のため訓練されている。というのも、政治家は生涯闘い続けるが、兵士は例外的にのみ闘うからだ」という、英国外交官の述べた命題は、この意味で正しい。

戦争は、決して政治の目標や目的でなく、政治の内容ですらないが、おそらく現実の可能性としてつねに存在する前提であり、この前提が、人間の思考と行為を独特の仕方で決定し、それにより政治に特有の態度を生み出すのだ。そこで、味方と敵の区別という基準は、特定の国民が永遠に他の特定の国民の味方や敵でなければならないとか、中立性が不可能であり、政治的に意味をもちえないとかを決して意味しない。ただ、中立性の概念は、あらゆる政治的概念と同様に、味方と敵のグループ分けの現実的可能性という**陰の下に**ある。もし地上に中立性のみが存在するならば、戦争だけでなく、中立性そのものも終わるだろうし、それは、もし**戦争**一般の現実的可能性がなくなれば、あらゆる政治とともに、**戦争**を回避する政治も終わるのと同様だろう。重要なのは、つねにもっぱら、現実の**戦争**というこの決定的場合の可能性であり、この場合が存在するか否かに関する決定である。この場合が例外的にのみ生じることは、その決定的性格を否定せず、むしろこれを根拠づける。今日戦争が、以前のように数多く日常的には起こらないとしても、戦争の数的頻度と日常性が減少したのと同じ程度に、おそらくはそれ以上の強度で、戦争の圧倒的・全体的な重みは増大した。今日もまだ、戦争という事態は「緊急事態」である。他の場合と同じく、ここでも、例外事態こそ、とりわけ決定的な意味をもち、**物事の核心を暴き出す**と言える。というのも、**戦争**の中で初めて、味方と敵の政治的グループ分けの最も極端な帰結が示されるからである。人間生活は、この最も極端な可能性から、政治に特有の緊張を手に入れる。

こうした**戦争**の可能性がすっかり取り除かれ、消え失せた世界、つまり最終的に平和になった地球は、味方と敵の区別なき世界であり、したがって、政治なき世界であろう。こうした世界にも、おそらく様々に極めて興味深い対立や対比、あらゆる種類の競争や陰謀が存在するだろうが、有意義なことに、人間から生命の犠牲を望むことができ、人間に、血を流して他人を殺戮する権限を与えるような対立は存在しないだろう。ここでも、こうした政治なき世界を理想状態として待ち望むかどうかは、政治的なものの概念規定にとり、重要ではない。政治的なものの現象は、味方と敵のグループ分けの現実的可能性に関係づけるならば、初めて把握できるのであり、そこから、政治的なものに対し、どんな**宗派的**・道徳的・美的・経済的な価値評価が生じるかはどうでもよい。最も極端な政治的手段である戦争は、あらゆる政治的観念の根本に存在する**もの、すなわち**味方と敵の区別の**現実性**を明らかにする。したがって、戦争は、この区別が人類において現実に存在するかぎり、少なくとも現実に可能であるかぎりでのみ、意味がある。

これに対し、「純粋に」**宗派的**・「純粋に」道徳的・「純粋に」法律的・「純粋に」経済的な動機からなされる戦争は、意味に反する。人間的**思考**のこれら専門領域の**特殊な**対立から、味方と敵のグループ分けは導き出せず、したがって、戦争も導き出せない。戦争は、敬虔なものでも、道徳的に善いものでも、採算が取れるものでもある必要はない。**形而上学的対立を道徳的か経済的に覆い隠している時代では**、おそらく戦争はこれらすべてのどれでもない。この単純な**真理**は、**宗派的**・道徳的・その他の対立が政治的対立まで高まり、味方と敵の決定的なグループ分けを引き起こすことにより、大抵は混乱してしまう。だが、この闘争上のグループ分けに至るならば、重要な対立は、純粋に**宗派的**でも、道徳的でも、経済的でもなく、政治的なのである。その場合につねに問題となるのは、こうした味方と敵のグループ分けが、現実の可能性として、または現実のあり方として存在するか否かにすぎず、どんな人間的動機が、こうしたグループ分けを引き起こすほどに強力なのかはどうでもよい。

何事も、政治的なもののこの**首尾一貫性**から逃れることはできない。戦争に対する平和主義の敵対が強いため、平和主義者を非平和主義者に対する戦争へ、「戦争に対する戦争」へと駆り立てるならば、平和主義の敵対は、現実に政治的力をもっていると証明されただろう。というのも、平和主義の敵対は、人間を味方と敵にグループ分けするほど強いからである。戦争を妨げる意志が、戦争そのものをもはや恐れないほど強いならば、この意志は、同様に政治的動機となっている。すなわち、戦争反対の意志は、極端な場合にすぎないとしても、戦争と戦争の意味すらも肯定している。現在では、これは、とりわけ有望な種類の戦争の正当化であるように見える。その場合、戦争は、その都度「人類最後の最終的戦争」の形で演じられる。こうした戦争は、必然的に、とりわけ**残酷で**非人間的な戦争である。というのも、こうした戦争は、政治的なものを超越しつつ、敵を同時に道徳的その他のカテゴリーにおいて貶め、もはや防御するだけでなく、完全に絶滅するべき非人間的怪物、もはやその領土内に追い返すべき敵でない存在にせざるをえないからである。しかし、こうした戦争の可能性の中に、戦争が今日もまだ現実の可能性として存在していることが特にはっきりと示されている。これこそ、味方と敵の区別と政治的なものの認識にとり、唯一重要なのである。

4 〔政治的統一の形式としての国家、多元主義による疑問視〕

どんな宗派的・道徳的・経済的・民族的・その他の対立も、人間を味方と敵に有効にグループ分けするほど深いならば、政治的対立に転化する。〔6〕宗教共同体が宗教共同体として戦争を遂行するならば、他の宗教共同体の成員に対する戦争であれ、その他の戦争であれ、それは、宗教共同体を超えて、政治的統一である。それは、あの決定的出来事〔戦争〕にもっぱら否定的な意味で働きかける可能性をもつ場合も、すなわち成員への禁止命令により戦争を妨げ、敵対者の敵対的特質を決定的に否定できる場合も、政治的勢力である。同じことは、経済的基礎に基づく人間の結社、例えば産業コンツェルンまたは労働組合にも当てはまる。言葉のマルクス主義的意味での「階級」も、この決定的地点に到達するならば、すなわち階級「闘争」、**つまり内戦**を真剣に受け止め、階級上の敵対者を現実の敵として扱い、国家対国家であれ、国家内部の内戦であれ、敵対者と闘うならば、純粋に経済的であるのを止めて、政治的勢力になる。その場合、現実の闘争は、必然的に、もはや経済法則にしたがい演じられるのでなく、最狭義の**軍事技術的・革命技術的**意味での闘争方法と並んで、その政治的な必然性と指向性、連合、妥協等をもつ。「**プロレタリアート」の闘争組織**が国家内部で政治権力を奪取するならば、まさに「プロレタリア」国家が成立しており、この国家は、国民国家、聖職者国家・商人国家・軍人国家、官僚国家、または何か他の、**国家を担う階層で呼ばれた種類**の政治的統一に劣らず、政治的産物である。人類全体をプロレタリアとブルジョアの対立にしたがい、労働者国家・資本家国家における味方と敵にグループ分けするのに成功するならば、そしてあらゆる他の味方と敵のグループ分けがそこに解消されるならば、最初は「純粋」経済的と見えた概念が政治的なものの完全な現実性を獲得したと分かる**だろう**。国民内部の一階級または他の集団の政治的力が広範囲に及ぶならば、あらゆる対外的戦争を妨げることができるが、国家権力を掌握し、自発的に味方と敵を区別し、必要な場合には戦争を遂行する能力と意志を自らもたないならば、政治的統一は破壊されてしまう。

　政治的なものは、人間生活の様々な領域から、つまり**宗派的**・経済的・道徳的・その他の対立から、その力を引き出す。政治的なものは、何ら固有の、**これら対立に対応する**専門領域を示さず、人間の**結合または区別**の強さの程度のみを示す。人間が**結合しまたは区別する**動機は、**宗派的**・(民族的または**歴史的**意味で)国民的・経済的・その他の種類でありうるし、異なる時代には異なる結合と分離を生じさせる。現実の味方と敵のグループ分けは、存在に応じて強力で決定的意味をもつから、非政治的対立は、このグループ分けを生じさせる瞬間に、従来の「純粋」宗教的・「純粋」経済的・「純粋」文化的基準と動機を後退させ、政治化した状況の全く新しい固有な条件と帰結、そして「純粋」宗教的・「純粋」経済的・その他の「純粋な」出発点から見れば、しばしば極めて一貫せず、「非合理的」な条件と帰結に支配される。いずれにせよ、緊急事態**に左右される**グループ分けはつねに政治的である。

　そこで、政治的統一が存在するならば、政治的統一はつねに標準的統一であり、全**体的で主権をもつ**。**政治的統一は「全体的」である**。というのも、**第一に**、あらゆる事柄は潜在的に政治的であり、したがって、政治的決定に左右されうるからである。第二に、人間は全く実存的に政治関与に巻き込まれるからである。政治は運命である。偉大な国法学者M・オーリウは、法学的にも、政治的結合の特徴は、それが人間を完全に巻き込む点にあると正しく考えた。[7] したがって、ある共同体の政治的性格を計る良い試金石は誓約の実践にある。誓約の真の意味は、人間が完全に一身を捧げるか、**忠誠の誓いにより「誓約上も（実存的にも）献身する」点にある。**［〜］

政治的統一は、例外事態であっても、標準的事態に対する決定が、概念上必然的につねに政治的統一に掌握されるという意味で、主権をもつ。ここで「主権」という言葉は特別な意味をもつ。**これは**、政治的統一に含まれるすべての人間の個別的生活が、政治的なものから決定され、命令されなければならないとか、中央集権化された体系が、あらゆる他の組織や団体を絶滅すべきであるとか、決して意味するわけでない。経済的観点は、経済的に中立的と自称する国家の政府が意欲するよりも強力であるかもしれないし、同様に、宗派的に中立的と自称する国家の権力は、**宗派的**確信には容易にかなわないだろう。重要なのはつねに紛争の事態だけである。経済的・文化的・**宗派的**対抗勢力が、緊急事態に対する決定を自発的になしうるほど強力ならば、対抗勢力は、まさに政治的統一の新たな実質に加わっている。対抗勢力が、彼らの利害と原理に反して決定された戦争を阻止できるほど強力でないならば、彼らは政治的なものの決定的地点に達していないと分かる。対抗勢力が、彼らの利害や原理に反する戦争を阻止できるほど強力であるが、自分で自発的に自分の決定に従い戦争を規定できるほどには強力でないならば——**連立と妥協が交代する中で辛うじて運営される多元主義的政党国家の典型的状態である**——、統一的な政治的勢力はもはや存在しない。事情がどうあろうが、有効な敵に対する有効な戦争という緊急事態の可能性に応じて、政治的統一は、必然的に味方と敵のグループ分けにとり標準的な統一であり、(何か絶対主義的意味でなく)この意味で主権をもつか、それとも政治的統一はそもそも存在しないか、このいずれかである。

人々は、国家内部の経済的結社がどれほど大きな政治的意味をもつかを認識し、とりわけ労働組合が成長し、その経済的権力手段であるストライキに対し旧国家が相当無力だと気づいた時、国家の死滅と終結を早まって宣言した。これは、私の知るかぎり、一九〇六年と一九〇七年以後初めて、フランスとイタリアのサンディカリストの**自覚的教説**として起こった。(9) **彼らは、「多元主義的」国家論を生み出す刺激を与えた。**

この国家論の根本教義は、ドイツの国家学者、特にオットー・フォン・ギールケの学派［フーゴー・プロイス］が唱えた「あらゆる人間団体の本質的同一性」だった。この国家論の哲学的基礎と政治的神学は、「コスモス」と「体系」という最終的統一への欲求が迷信であり、中世スコラ学の残滓だと考えた米国哲学者ウィリアム・ジェームズのプラグマティズムだった。人々は、ここから「多元主義」の構想と政治理論を結びつけた。多元主義は、本質的に自由主義的な思考様式をもつ第二社会主義インターナショナルに最も良く適合する。首尾一貫した自由主義にとり、個人という実在のみが存在し、全体としては人類のみが存在する。共産主義者が実在として把握する闘争する階級は、多元主義理論にとり、政治的に中立的な自由な労働組合になり、多くの政党の一つになる。個人の「社会生活」を担うのはあらゆる種類の団体、同業組合、結社の多数であり、これらの団体は、上位に「高次の統一」をもたず、むしろ相互に相対化し合うことで、個人がその自由主義的優位を失うのを妨げるべきだとされる。個々の人間は、数多くの様々な社会的絆や結合の中で、宗教団体の一員、国民の一員、労働組合の一員、政党の一員、家族の一員、スポーツ・クラブの一員、国家の一員、他の多くの「結社」の一員として生きている。これら結社は、場合に応じて様々な強さで個人を左右し、「誠実義務と忠誠心の多元性」へと義務づけるが、これら結合の一つが無条件に標準的で主権をもつと言うことはできない。むしろ様々な「結社」は、様々な領域で最も強力だと証明されうるし、忠誠心と誠実の絆の間の紛争は、もっぱら場合に応じて解決できる。例えば、労働組合がもはや教会に通わないというスローガンを掲げるにもかかわらず、組合の一員が教会に通う一方で、同時に労働組合から脱退せよという教会の要請に同様に従わないことは考えられる。

この理論では、一九一九年から一九三三年までドイツで支配した多元主義的政党国家でも認識できた一つのことだけが、すなわち教会と労働組合が同等に扱われるということが興味深い。双方のカテゴリーは本来の意味で典型的な団体になる。教会と組合のこの独特な同盟がもつ政治的・論争的な意味は容易に認識できる。両者は、国家に対して共通に対立する関係に加わる。(11) これに関して一見して納得できる事例を提供している歴史的出来事は、ビスマルクがカトリック教会と社会主義者に対し同時にとり、同様に成功しなかった措置である。ローマ教会に対する「文化闘争」では、ビスマルク帝国の不屈の力をもつ国家すら、全能ではないことが示された。同様にこの国家は、社会主義的労働者階層に対する闘争では勝利せず、経済的領域では、「ストライキ権」に潜む力を労働組合から奪い取ることができなかった。そこで、一九一八年にビスマルク帝国が崩壊した後、これらビスマルクの敵は、君主制的連邦国家の椅子に座り、文化闘争と社会主義者鎮圧法の残滓として、さらに一四年間生き延び、多元主義的政党連邦国家を形成することができた[12]。

　こうした種類の多元主義は、国家が自由主義的「法治国」として麻痺しており、あらゆる真の紛争事態を回避するかぎり、可能になる。にもかかわらず、（ここで厳密でない自由主義的な「社会的統一」の言葉を受け入れてよければ、）どんな「社会的統一」が紛争事態を解決し、味方と敵への標準的グループ分けを左右するか、という**唯一の問いは残される。**教会も労働組合も、両者の同盟も、ビスマルク統治下のドイツ帝国が遂行しようとした戦争を禁じなかったし、阻止しなかっただろう。もちろん、ビスマルクは教皇に対し宣戦できなかったが、それは教皇自身が交戦権をもたなかったからにすぎない。社会主義的労働組合も、「交戦国」として登場しようとは考えなかった。いずれにせよ、当時のドイツ政府が緊急事態に関する決定を下した場合、自分が政治的敵となり、この敵概念の帰結に見舞われることなく、この決定に対抗できるか、対抗しようとする機関は考えられなかっただろう。**逆に当時は、**教会も労働組合も公然たる内戦には応じなかった。[13] これは、主権と統一の理性的概念を根拠づけるには充分である。政治的統一は、まさに本質上、標準的統一であり、どんな力から究極の心理的動機を引き出そうがどうでもよい。政治的統一は、存在するか存在しないかのいずれかである。政治的統一は、存在するならば、決定的事態で左右する最高の統一である。

国家が統一であり、しかも標準的統一であることは、その政治的性格に基づく。多元主義理論は、例えば一九一九年から一九三二年までのドイツ政党連邦国家のように、社会団体の日常的妥協により統一に達する国家を思想的に模写したものか、それとも国家解体と国家否定の道具にすぎない。人々が政治的統一を「政治的結社」と見て、他の結社、例えば宗教的結社や経済的結社と並列し、本質上等しいとするならば、特に政治的なものに特有な内容への問いに答えなければならないだろう。批判的な鋭い感覚で、国家の以前の過大視に対し、国家の「高権」と「全能」に対し、最高の統一の「独占」に対し反対するのでは充分でない。多元主義的体系では、国家は、時には古い自由主義的仕方で、本質的に「非政治的」に規定された社会の単なる奉仕者として、時にはまた、特殊な新しい種類の社会、すなわち他の同業組合と並ぶ一同業組合として、時には最後に、社会団体の連邦主義の産物、または同業組合の団体に対して地域的・国民的に定められた一種の上位結社として現れる。だが、どんな根拠から人間が、宗教的・文化的・経済的・その他の同業組合と並んで、なおも政治的同業組合、「統治する結社」を形成するのか、この最後の種類の同業組合の特に政治的な意味はどこにあるのか、とりわけ説明しなければならないだろう。ここで多元主義的国家は、理論においても、（ドイツで一九一八年から一九三二年まで充分に知られているように）実践においても、全く自由主義と社会主義の間の薄明にとどまり、これに伴う私的なものと公的なものの間の薄明にとどまる。そこでは、時には政党として時には国家として、時には「単なる私人」として時には国家権威として、政治的リスクなしで国家的性格の利点を手に入れ、両手で演じることができる。多元主義は、国家理論としては一つの兆候にすぎない。多元主義は、最終的に、政治的に無責任な個人と政治的に無責任な「結社」に仕え、一つの結社を他の結社に対抗させて利益を得る以外に何もしない。

実際には、政治的「社会」や政治的「同業組合」、政治的「結社」は存在せず、政治的統一、政治的「共同体」のみが存在する。単に社会的で結社的なものを超えて、特に異なるもの、残りの結社に対し決定的なものである標準的統一を創り出すためには、味方と敵のグループ分けの現実的可能性で充分である。この統一自体が**可能性と**してなくなれば、政治的なもの自体もなくなる。政治的なものの本質が認識されず、考慮されない間にのみ、政治的「結社」**または**「同業組合」を、多元主義的に宗教的・文化的・経済的・その他の**同業組合**に並置し、これら**同業組合**と競合させることができる。ただし、下記**第七節**に示すように、政治的なものの概念から多元主義的帰結が生じるが、それは、統一とともに政治的なもの自体も破壊されることなく、同じ政治的統一の内部で、標準的な味方と敵のグループ分けに代わり、多元主義が現れるという意味ではない。

5 〔戦争と敵に関する決定〕

本質的に政治的統一である国家には、交戦権、すなわち場合によって自分自身の決定で敵を定め、敵と闘う現実の可能性が必要である。政治的に統一した人民が、自分の実存と独立のため闘う用意があり、自分の独立と自由がどこにあるか、自分の決定で定めるかぎり、どんな技術的手段で闘争がなされようが、どんな軍隊組織が存在しようが、戦争に勝つ見込みがどれほど大きいか、ここではどうでもよい。軍事技術が発展した結果、おそらく、勝つ見込みがある戦争を行えるだけの工業力を備えるのはわずかの国家だけにとどまり、**強国の政治システムに加わり、または**正しい同盟政策により自立性を保つのに成功しなければ、弱小国家は、自発的にまたは必要に迫られて、交戦権を放棄するに至ると思われる。この発展により、戦争や国家や政治がそもそもなくなったことは証明されない。人類の歴史と発展の無数の変化や変革は、それぞれ、政治的グループ分けの新たな形式と新たな次元を生み出し、以前存在した政治組織を破壊し、対外戦争と内戦を呼び起こし、組織された政治的統一の数を時には増し、時には減らした。

標準的な政治的統一である国家は、戦争を遂行し、公然と人間の生命を自由に使用する可能性という途方もない権限を独占した。というのも、交戦権は、こうした自由な使用を含んでいるからである。交戦権は、自分自身の国民の一員から死ぬ用意と殺す用意を要求し、敵側にある人間を殺すという二重の可能性を意味する。正常な国家の機能は、とりわけ、国家とその領域の内部で完全な和平をもたらし、「平穏・安全・秩序」を確立し、それにより、正常な状況を創り出すことにある。正常な状況は、法規範がそもそも効力をもつための前提である。というのも、あらゆる規範は正常な状況を前提とし、どんな規範も全く異常な状況には効力をもたないからである。国内の和平が必要であるため、危機的状況では、国家が存続するかぎり、国家は政治的統一として自発的に「内敵」をも定めるまでになる。

したがって、すべての国家には、ギリシア共和国の国法が戦争敵(polemios)宣言、ローマ国法が公敵(hostis)宣言と呼んでいたものが何らかの形で存在する。厳格であれ、穏和であれ、事実上始まるのであれ、特別法に基づき司法形式で効力をもつのであれ、公然であれ、一般的言い換えに隠れてであれ、様々な種類の法的保護剝奪、破門、政敵追放、追放、法益剝奪、一言で言えば、国内の内敵宣言が存在する。これは、同種性と政治的統一の確立か、それとも国家の敵と宣言された者の態度に応じて、内戦の徴である。すなわち、内部で和平を達成し、領土的に閉じた、他者の入り込めない、組織された政治的統一である国家の解体する徴である。その場合、内戦を通じて、この政治的統一の今後の運命は決定される。〔一九三二年版の以下の文章は削除されている。」

ギリシア史では、デモファントスの人民決議が最も有名な事例だろう。アテネ人民が四〇〇人委員会追放後、紀元前四一〇年に行った人民決議は、アテネ民主政を解体しようと企てた者は誰でも、「アテネ人民の戦争敵（polemios）」だと宣言した。さらなる事例と文献は、ブーゾルト－スヴォボダ『ギリシア国家学』第三版、一九二〇年、二三一、五三二頁。スパルタのエフォロス（監督官）による、国内在住のヘイロテス（奴隷）に対する毎年の戦争宣言につき、同上、六七〇頁。ローマ国法の公敵（hostis）宣言につき、モムゼン『ローマ国法』第三巻、一二四〇頁以下。政敵追放につき、同上、第二巻、七三五頁以下。追放、法的保護剝奪、破門につき、ドイツ法制史の周知の教科書と並んで、とりわけ、E・アイヒマン『中世帝国法の法的保護剝奪と破門』一九〇九年。〈オラール〉『フランス革命の歴史』には、ジャコバン派と公安委員会の実務から法益剝奪の数多くの事例が見出される〔以下のフリーゼンハーンの引用は削除されている〕。追放は、特定の宗派や党派の一員には平和的または合法的な信条が欠けていると推定される仕方でも行われうる。この無数の事例は異教徒や異端者**とその他の内敵**の政治史に見出されるが、**異教徒は現実には決して平和でありえないという**議論がこれを特徴づける。**ワイマール連合の体制は、国民社会主義者を非合法で「非平和的」だと扱った。**

実刑判決の形で人間の生と死を自由に使用する権限、すなわち生殺与奪の権は、政治的統一の内部に存在する他の結合にも、例えば家族や家族の長にも与えられるが、政治的統一そのものが存在するかぎり、交戦権や公敵宣言は［他の結合には］与えられない。家族または氏族の間の血縁者復讐の権利も**個人の間の決闘**も、政治的統一がそもそも存在するべきならば、少なくとも戦争の間は停止しなければならないだろう。政治的統一のこの帰結を放棄しようとする人間団体は、政治的団体ではないだろう。というのも、こうした人間団体は、誰を敵と見なし、敵として扱うか、標準的に決定する可能性を放棄するだろうからである。人間の物理的生命に対するこの力を通じて、政治的共同体は、あらゆる他の種類の共同体または社会の上位に立つ。その場合、政治的共同体の内部でも、第二義的な政治的性格の下位組織が、独自の権限または委任された権限をもって、狭い集団の一員に限定された生殺与奪の権さえもって、存在しうる。

6 〔続〕[8]

宗教的共同体である教会は、その一員が自分の信仰のために死ぬこと、殉教死を経験することを要求できるが、これは、現世にあり、他の人間団体と闘う権力組織である教会共同体のためではない。さもなければ、教会は政治的勢力になるだろう。教会の聖なる戦争や十字軍は、特に真正で深い、敵を決める決定に基づく行動である。経済的に定められた社会の秩序、すなわち予測可能な機能は、経済的規則の領域内で進行するが、この経済的社会では、考えられるどんな観点からでも、規則が円滑に機能するため、社会の成員が自分の生命を犠牲にするようには要求できない。経済的合目的性でこうした要求を根拠づけることは、特に自由主義的経済秩序の個人主義的原理に対する矛盾であるばかりか、「自律的」に自己自身を制御すると考えられた経済の規範や理想からも決して正当化できないだろう。個々の人間は、何のためであろうが、自発的に死んでもよい。それは、個人主義的・自由主義的社会のあらゆる本質的なことと同様に、全く「私的事柄」、すなわち自分の自由で統制されない決意、自由に決意する者自身以外に誰にも関係しない決意の問題である。経済的に機能する社会は、経済的競争で成功しない敗者または「邪魔者」を、社会の循環運動の外に出し、非暴力的で「平和的な」仕方で無害な存在にするだけの充分な手段をもっている。具体的に言えば、**社会は**、自発的に従わなければ、**成功しない敗者を**餓死させる。純粋な文化的社会や文明社会のシステムには、望ましくない「人口の」増加を**除去し**、**不適合者を「自殺」や「安楽死」で消滅させる**ための「社会的指標」は事欠かない。だが、どんなプログラムも、どんな理想も、どんな合目的性も、他人の物理的生命を意のままにする**公然の**権利を**根拠づけられないだろう**。

生き残る者の商工業を繁栄させ、子孫の消費力を増大させるため、死ぬ用意をして人間を殺すのを人間に真剣に要求するのは、恐ろしく狂気の沙汰である。戦争を人間殺しだと呪った後で、「決して再び戦争が起こらない」ようするため、戦争を行い、戦争で殺し殺されるのを人間に要求するのは**すぐ分かる**欺瞞である。戦争、すなわち闘う人間の死ぬ用意、敵の側にいる他の人間の物理的殺戮、これらすべては規範的意味をもたず、実存的意味しかもたない。しかも、何らかの理想・プログラム・規範的性質でなく、現実の敵に対する現実の闘争の状況という現実性では、実存的意味しかもたない。何の合理的目的も、何の正しい規範も、何の模範的プログラムも、何の美しい「社会的理想」も、何の正統性や合法性も、人間がそのために相互に殺し合うのを「正当化」できない。人間の生命の物理的殺戮が、自分の実存形式の・存在に応じた否定に対する、自分の実存形式の・存在に応じた主張から起こらないならば、物理的殺戮はまさに正当化できない。倫理的・法律的規範であっても、戦争を根拠づけることはできない。ここで考えるように、存在に応じた意味で現実の敵が存在するならば、必要な場合には現実の敵から物理的に防御し、敵と闘うのは意味があり、**しかも**政治的に意味がある。

正しい戦争の要求には、様々な種類の思考過程が含まれているだろう。今日、正しい戦争を要求する論理構成は、通常、政治的目的を覆い隠すのに役立つだけだ。というのも、**この論理構成は、正義を、諸国民の現実的存在の中に探し求めず、何らかの法律上の標準化、または特定の裁判官と裁判による司法形式手続きの中に探し求めるからである。**政治的に統一した国民に、正しい根拠からのみ戦争を遂行するよう要求するのは、もっぱら現実の敵に対して戦争を遂行する**のが許される**ということを意味するべきならば、全く自明なことである。だが、しばしば、**正しい戦争の要求**の背後には、交戦権の自由な使用を他人に手渡し、正義の規範を見出して、その内容と**具体的事例**への適用を、別の第三者が**裁判官として**決定する、すなわち誰が敵かを定めるようにする政治的努力が隠れている。国民が政治的なものの領域に実存するかぎり、極端な事例に対してのみであっても――極端な事例が存在するかどうかは、国民自身が決定する――、国民が、自分で**自分の決定により自分の責任で**味方と敵の区別を定めなければならない。国民の政治的実存の本質はここにある。国民は、これを区別する能力や意志をもはやもたないならば、政治的に実存するのを止めてしまう。誰が自分の敵か、誰に対し闘ってもよいかを、**司法形式か何らかの仕方で**、他者が指示できるならば、その国民はもはや政治的に自由な国民ではなく、別の政治システムに組み込まれ、従属している。戦争は、理想や法規範のためでなく、現実の敵に対し遂行される点に意味をもつ。

そこで、政治的に実存する国民は、場合によっては、自分の決定により自分の責任で味方と敵を区別するのを放棄できない。国民は、一九二八年のいわゆるケロッグ条約に見られたように、国際紛争を解決する手段として戦争を非難し、「国家的政策の道具」

ず、特にはっきり公然と際立たせるが、保護と服従の連関なしでは、支配従属関係も、理性的な正統性や合法性も存在しない。「私が保護する、したがって私が義務づける」は、国家にとっての「私が考える、したがって私が存在する」である。この命題を体系的に自覚しない国家論は不充分な断片にとどまる。ホッブズは（一六五一年英語版の末尾、三九六頁）、『リヴァイアサン』の本来の目的は、「保護の服従の相関関係」を人々に再び認識させることであり、その確たる遵守が、人間性や神の法により要求されると述べた。［〜］

　ホッブズは、内戦の悪しき時代にこの真理を経験した。というのも、当時、全く安全な時代には人々に政治的現実について思い違いさせてしまう正統主義的・規範主義的な幻想がすべて消え失せたからである。国家内部で組織された党派が、その一員に対し国家以上の保護を保障できるならば、国家はせいぜいこの党派の付属物になり、個々の公民は誰に従うべきかを知るだろう。先に（一四一頁以下で）論じたように、これは「多元主義的国家論」を正当化できる。対外的な国家間関係では、この保護と服従の公理の基本的正しさがよりはっきり現れる。国際法上の保護国、覇権的国家連合や連邦国家、多様な種類の保護条約や保障条約は、この公理に最も単純な定式を見出す。

無防備な国民は味方だけをもつと信じるのは愚かだろうし、敵はおそらく無抵抗に感動するだろうと信じるのは卑俗な予測だろう［一九三二年版の以下の文章は削除されている］。一国民が政治的なものの領域にとどまるだけの力や意志をもたないとしても、政治的なものは世界から消え失せない。弱体な一国民が消え失せるだけである。

7 ［世界は政治的統一でなく、政治的多元体である］

政治的統一は敵の現実的可能性を前提し、別の共存する政治的統一を前提とする。したがって、国家が一般に存在するかぎり、地上にはつねに複数の国家が存在し、地上全体と人類全体を包括する世界「国家」はありえない。政治的世界は、一元的宇宙でなく、多元的宇宙である。そのかぎりで、先に**（一四一頁以下で）**述べた国内の多元主義理論とは別の意味であるが、すべての国家論は多元主義的である。**国内の多元主義理論の意味は、国民の政治的統一を否定する点にある。**

政治的統一は、本質上、人類全体と地上全体を包括する統一という意味では普遍的ではない。地上の様々な国民・宗教・階級・その他の人間集団がすべて統一された結果、それらの間の**戦争**が不可能で考えられないならば、また地上全体を包括する帝国の内部でも、内戦が可能性としても、どんな時代にも事実上決して考えられないならば、つまり味方と敵の区別が偶発事としてもなくなるならば、**人間は**、**現世の生活を享受する完全な安全を達成しただろう。現世の生活では完全な安全を期待すべきでないという古い命題は、時代遅れとなるだろう。したがって**、政治的に汚れていない世界観・文化・文明・経済・道徳・法・芸術・娯楽等は存在する**だろう**が、政治も国家も存在しない**だろう**。こうした人類と地上の状態が到来するか、またいつ到来するか、私には分からない。さしあたり、こうした状態は現に存在しない。こうした状態が今**日明日でも**現にあると想定するのは、**詐欺を目的とした**虚構だろう。**ドイツに対する最近の戦争は**「**世界大戦**」**だった**から、したがって、この戦争の終結は「世界平和」**であり**、最終的にすっかりと脱政治化されたあの牧歌的な最終状態**である**にちがいないと思うのは、直ちに解消できる思い違いだろう。

　人類そのものは戦争を遂行できない。というのも、人類は、少なくともこの惑星では敵をもたないからである。人類の概念は敵の概念を排除する。というのも、敵も人間であることを止めないし、そこに何ら特殊な区別はないからである。人類の名で戦争を遂行するのは、この単純な真実を論駁するものでなく、特に強烈な政治的意味をもつだけだ。一国家が人類の名で政治的敵と闘うならば、これは人類の戦争でなく、特定の国家が戦争相手に対し普遍的概念を我が物とし、(敵対者を犠牲にして)この概念と同一化しようとする戦争である。**同様に、**平和・正義・進歩・文明**という言葉**を濫用し、これらを自分のために要求し、敵には否認する**ことができる**。「人類」**の概念**は、帝国主義的**権力拡大の**特別に有用な道具である。倫理的・人道主義的形式を取っているが、**この言葉は**経済的帝国主義の**典型的道具ですら**ある。ここには、分かりやすい修正を加えれば、「人類を口にする者は人を欺こうとする」という、プルードンが造り出した言葉が当てはまる。「人類」という名称の使用、人類の援用、この言葉の私物化、これらすべては、こうした名称を一定の帰結抜きでは使用できないから、敵に人間の特質を否認し、敵は法の外部、人類の外部にあると宣言し、したがって、戦争を極度に非人間的なものまで推し進めるべきだという恐るべき要求を明らかにするだけだろう[16]。しかし、人類という非政治的名称を高度に政治的に利用できる可能性を除けば、人類そのものの戦争は存在しない。人類は政治的概念でなく、人類には何の政治的統一や共同体も、何の状態も対応しない。一八世紀の人道主義的な人類概念は、当時存在した貴族制的・封建的または身分制的な秩序と特権を**論争的に否定する政治的意味をもった**。自然法的で自由主義的・個人主義的な**理論**で言う人類とは、地上のすべての人間を包括する普遍的な「**社会的理想**」であり、闘争の現実的可能性が**もはや存在せず**、あらゆる味方と敵のグループ分けが不可能になった時に初めて現実に存在する個人相互の関係の体系である。その場合、この普遍的な**理想**社会には、政治的統一としての国民は存在しないが、闘争する階級や敵対する集団ももはや存在しない。

国際連盟が論争的な対抗概念として君主同盟**とその官房政治**に対置できるかぎり、国際連盟の理念は明確で簡明だった。ドイツ語の「国際連盟」は、こうして一八世紀に成立した。君主政の政治的意味がなくなると同時に、この論争的意味もなくなる。さらに「国際連盟」は、一国家または国家連合による、他の国家に向けられた帝国主義のイデオロギー的手段になりうるだろう。その場合、先に「人類」という言葉の政治的使用について言ったすべてのことが、「国際連盟」に当てはまる。だが、さらに最終的に、全人類を包括する国際連盟の創設は、「人類」という普遍的社会の非政治的な理想状態を組織する従来は極めて不明確な傾向にも対応するだろう。したがって、こうした国際連盟は「普遍的」になるべきだ、すなわち地上の全国家がその構成員とならなければならないと、ほぼつねにかなり無批判的に要求される。だが、普遍性は、完全な脱政治性と、特に当面は少なくとも一貫した国家の欠如した状態を意味せざるをえないだろう。

この観点から**見れば**、一九一九年にパリ平和条約により創設されたジュネーヴの機構——フランス語・英語の公式名称(Société des Nations, League of Nations)に従えば**より良いが**、ドイツでは**大抵は**「国際連盟」(Völkerbund)と呼んでいる——は、**内面的に**矛盾に充ちた組織に見える。すなわち、国際連盟は国家間の組織であり、諸国家そのものを前提とし、国家相互の若干の関係を規制し、諸国家の政治的実存すら保障する。国際連盟は、**地上のあらゆる国家を包括する**普遍的組織でないばかりか、国際的組織ですらない。**ドイツ語の用法として、「国際的」という言葉は、「国家間」から明確に区別できる**。例えば第三インターナショナルのように、国境を越えて、その壁を貫いて、現行国家の領土的閉鎖性・不可侵性・「不浸透性」を無視する運動**または機構のみが「国際的」である**。ここにはすぐに、「国際的」と「国家間的」の間、脱政治化した普遍的社会と現在の国境の現状維持のための国家間的保障の間の基本的対立が現れる。いかに「国際連盟」の学問的論述が**この対立を**無視し、混乱を支持すらできたのか、結局は理解できない。ジュネーヴ国際連盟は、諸国家を廃止しないのと同様に、戦争の可能性を決して廃止しない。それは、一定の戦争を正統化し、是認することにより、戦争の新たな可能性を導入し、戦争を許可し、同盟戦争を促進し、戦争に対する一連の抑制を取り除く。

今日まで存在するようなジュネーヴの機構は、事情次第では快適な交渉の機会であり、技術的事務局である事務総長と結びつき、「理事会」(Conseil)と「総会」(Assemblée)の名前で開かれる外交官会議のシステムである。それは、別の箇所で示したように[17]、連邦(Bund)ではなく、おそらくは同盟(Bündnis)だろう。それは、「事務局」、すなわち(例えば婦女売買を撲滅するための)非政治的行政共同体としてのみ、普遍性への相当な傾向を示しており、そこには人類の真の概念がまだ働いている。ただし、連盟の現実の体制と、この「連盟」内部ですら存続する戦争の可能性を見れば、この傾向も「社会的理想」にすぎない。だが、普遍的でない国際連盟は、潜在的または現実的に一つの同盟、一つの戦時同盟を意味する場合、言い換えれば特定の敵をもつ場合にのみ、政治的意味をもちうる。これにより、交戦権は取り除かれず、多かれ少なかれ、完全であれ部分的であれ、「連盟」に移されており、政治的意味での連邦への試みがなされているだろう。というのは、連邦は、何よりも永続的同盟だからである。これに対し、具体的に実存する人類の普遍的組織であるかぎり、国際連盟は、第一に、現存する国家・国民・階級・その他の人間集団から交戦権を効果的に取り去り、第二に、にもかかわらず、自分で交戦権を引き受けないという困難な仕事を遂行しなければならないだろう。さもなければ、人類の普遍的平和は実現できない。

したがって、「世界国家」が地上全体と人類全体を包括するならば、世界国家は政治的統一でなく、慣用上でのみ、国家と呼ぶことができる。もっぱら経済的・交通技術的連関に基づき、人類全体と地上全体が事実上統一されるならば、これは、さしあたりまだ、住宅団地に住む住人や同じガス工場に加入したガス購入者、同じバスに乗る旅行者のような「社会的統一」にすぎないだろう。この統一は、もっぱら経済的または交通技術的にとどまるかぎり、敵対者がいないため、経済的・交通的党派へと高まらないだろう。さらにこの統一が、文化的・世界観的・その他の高度な、しかし同時に無条件に非政治的な統一を形成するならば、倫理と経済の両極性の間で無差別点を探す消費者・生産者団体となるだろう。この統一は、国家もライヒも帝国も知らず、共和政も君主政も知らず、貴族政も民主政も知らず、保護も服従も知らず、一般にあらゆる政治的性格を失っているだろう。

だが、地上を包括する経済的・技術的中央集権化と結びついた恐るべき力が、どんな人間に与えられるだろうか。その場合、すべてはまさに「自ずと進行し」、物事は「自主管理され」、人間は絶対に「自由」なのだから、人間の人間に対する統治は不要になってしまうと望んだとしても、この問いは決して退けられないだろう。というのも、何のために人間は自由になるかがまさに問われるからだ。この問いに対し、楽観主義的推測と悲観主義的推測で答えることができるが、すべての推測は最終的に人間学的信仰告白に帰着するのだ。

8　［政治理論の人間学的前提］

すべての国家理論と政治思想は、その人間学を調べれば、意識的であれ無意識的であれ、それが「本性上悪い」人間を前提するか、それとも「本性上善い」人間を前提するかにしたがい、分類できる。この区別は全く大雑把なものであり、道徳または倫理に特有な意味で取るべきではない。決定的なのは、さらなる政治的考慮の前提として、**人間は問題ある存在か問題ない存在かである**。人間は「危険な存在」か危険でない存在か、危ない存在か無害で危なくない存在かである。

この善悪の人間学的区別に対する無数の修正と変形は、ここでは個々に論議することができない。「邪悪さ」は、腐敗・弱さ・臆病・愚かさ、または「粗野」・衝動性・活発さ・非合理性等の形で現れ、これに対応し、「善良さ」は、思慮深さ・完全さ・素直・教育しやすさ・共感できる穏和さ等の形で現れる。**大抵**の動物の寓話は、ほとんどすべて現実の政治状況に関係づけて、**直ちに政治的関係から解釈できることに注意を払うのは有益である**。例えば、狼と羊の寓話における「攻撃」の問題、ペストの責任がロバにあるというラフォンテーヌの寓話における「責任の問題」、**ライオンが、裁判官はどんな規範にしたがい判決を下すのかとすぐに問い、最後は飼いウサギしか会議に残っていないという**動物会議の寓話における「国家間司法」の問題、どんな動物も、自分の歯・爪・角は**必然的に**平和維持に役立つ手段であり、**これに対し敵対者の武器は同様に必然的に攻撃用武器だと証明する**のを詳しく述べる、一九二八年一〇月チャーチルの選挙演説における「軍備縮小」の問題等。**ここには、**政治的人間学が、一七世紀の国家哲学者(ホッブズ、スピノザ、プーフェンドルフ)が「自然状態」と呼んだものと直接に関連している点が示されている。国家が相互に生きる自然状態は、絶えざる危険と危機の状態であるから、そこで行為する主体は、まさにそれゆえ、飢餓・貪欲・不安・嫉妬の衝動とあらゆる種類の競争心で動く動物と同じく「悪」であり、満足しない。当然にも、ホッブズが正しく強調したように、真の敵対関係は人間の間でのみ可能である。人間が精神的に実存する存在として動物の上位に立つのとまさに同じほど、敵と味方の政治的区別は、動物界に見られるあらゆる対立関係よりも深いのである。〔一九三三年版の以下の三段落は削除されている。〕

人間を「善い」と前提する理論と構成の一部は、真に無政府主義的ではなく、自由主義的であり、国家の介入に論争的に反対する。これに対し、公然たる無政府主義では、「生来の善良さ」に対する信仰が国家の根本的否定といかに密接に関連しているか、直ちに明らかであり、一方が他方から生じ、両者が相互に補完し合っている。自由主義者にとり、人間の善良さとは、それを援用して国家を「社会」に奉仕させる論拠をもっぱら意味する。というのも、「社会」は、「それ自身の中に」秩序をもっており、国家は、社会に疑い深く統制され、厳密な規則に制約された道具であるべきだからだ。この古典的定式化はトマス・ペイン（、、、）に見られる。社会(society)は理性的に統制された我々の要求の結果であり、国家(government)は我々の悪徳の結果である(18)。国家に敵対する急進主義は、人間本性の根本善を信仰する度合いに応じて増大する。市民的自由主義は、決して政治的意味で急進的ではなかった。自由主義の国家**批判**と政治的なものの**批判**、自由主義の中立化、脱政治化と自由宣言は、同様に一定の政治的意味をもっており、一定の状況で、論争的に一定の国家とその政治権力に反対しているのは自ずと明らかである。ただ、それら**批判**は、本来は国家理論でも、政治思想でもない。自由主義は、確かに国家を急進的に否定しなかったが、他面で積極的な国家理論も、独自な国家形態も見出さず、政治的なものを倫理的なものにより拘束し、経済的なものに従属させようとしただけだ。自由主義は、「権力」の分割と均衡の学説、すなわち国家の抑制と統制の体系を創り出したが、これを国家理論や政治的構成原理と呼ぶことはできない。

したがって、真の政治理論はすべて、人間を「悪」だと前提する、すなわち決して問題がないわけでなく、「危険で」「動的な」存在だと見なすという、多くの人々を確実に不安にする奇妙な確認が残される。これは、どんな**本来の意味**で政治的な思想家にも容易に証明できる。彼らが種類・等級・歴史的意味においていかに異なっていようが、これら思想家は、特に政治的な思想家だと示されれば示されるほど、人間本性を問題あるものと捉える点で一致する。ここでは、マキャヴェリ、ホッブズ、ボシュエ、（彼の人道主義的観念論を忘れるかぎりで）フィヒテ、ド・メーストル、ドノソ・コルテス、H・テーヌの名前を挙げれば充分である。ヘーゲルも挙げることができるが、もちろんヘーゲルは、ここでも時折、二重の顔を示す。

にもかかわらず、ヘーゲルは、どんな場合も最大の意味で政治的であることに変わりない。同時代の時事的事件を扱ったヘーゲルの書、とりわけ天才的な青年期の著作『ドイツ国制論』**には**、すべての精神は現在ある精神であり、現前しており、バロック的代表にもロマン主義的**逃避**にも見出せず、探り出せないという哲学的真理**が証明されている**。これは、「非政治的な純粋さ」と純粋な非政治性の中で知的捕獲網を製造するのに関わり合わない哲学の真正さである。ヘーゲルの具体的思考の弁証法も、特に政治的な種類である。量から質への転化というよく引用される命題も、全く政治的意味をもっており、どの「専門領域」からも、政治的なものの地点、すなわち人間のグループ分けの質的に**特殊な**強さに到達するという認識の表現である。この命題の本来の適用事例は、一九世紀にとり、経済的なもの**である**。「経済」という「自律的」で自称政治的に中立的な専門領域では、絶えずこうした質への転化、すなわち従来は非政治的で純粋に「客観的」なものが政治的になる過程が遂行される。例えばここでは、経済的所有が一定の量に到達したならば、公然と「社会的」(正しくは政治的)権力になり、所有は権力になったし、最初は経済的にのみ動機づけられた階級対立は、敵対する集団間の階級闘争になった。

ヘーゲルには、ブルジョアの最初の論争的・政治的な定義も見出される。ブルジョアとは、非政治的で危険のない私人の領域を離れようとせず、所有する中で私的所有を正義と見なし、個人として全体に反対する態度を取り、政治的に無価値である代償を平和と営利活動の成果の中に、とりわけ「成果を享受できる完全な安全の中に見出し」、したがって勇気を示す必要がなく、非業の死の危険を免れようとする人間である(「自然法の学問的取り扱い方」一八〇二年、ラッソン版、三八三頁、グロックナー版I、四九九頁)。最後にヘーゲルは、近代哲学者が通常大抵は回避した敵の定義も立てた。敵は、否定すべき他人の、生ける全体性という形を取る倫理的な(道徳的意味ではなく、「民族の永遠」という「絶対的生命」から考えられた)差異である。「敵はこうした差異である。差異が関係づけられれば、同時に対立の存在の反対物、敵の無化であり、この無化は双方に均等だから、闘争の危険である。この敵は、倫理的なものにとり国民の敵にすぎず、それ自身一国民でのみありうる。ここで個人が現れるから、個人が死の危険に赴くことが国民に自覚される」。「この戦争は家族対家族の戦争でなく、国民対国民の戦争であり、そこで憎悪自体が無差別化され、人格的性格を免れている」。

ヘーゲルの精神がどれほど長く現実にベルリンに住み続けたかは問題である。いずれにせよ、一八四〇年以来プロイセンで支配的になる傾向は、「保守的」国家哲学、しかもフリードリヒ・ユリウス・シュタールの国家哲学を活動させるのを選んだ。**この保守的人間は、自分の信仰と国民を転換させ、自分の名前を変えて、その後、ドイツ人に敬虔さと連続性、伝統を教えた。**[9] **シュタールは、ドイツ人のヘーゲルを「空虚で真実でない」、「悪趣味で」「希望がない」と見なした。**

「楽観主義」と「悲観主義」に関する心理学的注釈では、問題は片付けられない。同様に、無政府主義的仕方で、逆に人間を悪と考える者だけが悪であると言っても、問題は片付けられない。そこから、人間を善と考える者、すなわち無政府主義者は、悪しき人々に対する何らかの支配と統制の権限をもつことになるから、問題は再び最初から始まる。むしろ、人間の思考の異なる分野では、「人間学的」前提がいかに異なるかを考慮しなければならない。教育学者は、方法上の必然により、人間を教育可能で陶冶可能だと見なすだろう。私法学者は、**逆が証明されるまで、誰もが「善良だ」と前提しなければならないということ**から出発する。[19] 道徳家は、善と悪の間の選択の自由を前提するのに対し、神学者が、人間を罪深くて救済を必要とすると見なさず、救済される者と救済されない者、神に選ばれた者と選ばれていない者をもはや区別しないならば、神学者ではなくなる。さて、政治的なものの領域は、最終的に敵の現実的可能性により決定されるから、政治的観念や思考過程は、人間学的「楽観主義」を出発点とすることができない。さもなければ、敵の可能性とともに、政治に特有のあらゆる帰結をも廃棄するだろう。

政治理論と罪の神学的教義との関連は、ボシュエ、メーストル、ボナール、ドノソ・コルテスにおいて特に目立つ形で現れ、他の無数の人々にも同様に強烈に働いている。この関連は、**さしあたり、神学的思考過程にも政治的思考過程にも本質上適合した存在論的・実存的思考様式から説明されるが、次に、これら方法的な**思考の前提の類似性からも説明される。現世と人間は罪深いという神学的根本教義は、神学が単なる規範的道徳や教育学に解消せず、教義が単なる規律に解消しないかぎり、味方と敵の区別と同様に、人間の**区別・区分**と「距離化」につながり、一貫した人間概念の区別なき楽観主義を不可能にしてしまう。もちろん、善き人間の間の善き現世では、平和と安全、万人の万人との調和のみが支配する。ここでは、聖職者や神学者は、政治屋や政治家と同様に**邪魔になる**。トレルチ（『キリスト教会の社会教説』）とセイエール**男爵**（ロマン主義の多くの著作）は、原罪の否認が**あらゆる社会秩序を破壊することを**、数多くのセクト・異端者・ロマン主義者・無政府主義者を例に示した。そこで、神学的思考の前提と政治的思考の前提の間の方法的関連は明白である。しかし、神学の援用は政治的概念を時折混乱させる。というのも、神学の援用が、通常、区別を道徳神学的領域へと移し替えるか、少なくとも道徳神学的領域と混ぜ合わせた後で、大抵は、**道徳的擬制**かあるいは**好意的教育学者の**実践的機会主義が、実存的対立性の認識を曇らせるからである。マキャヴェリ、ホッブズ、時にはフィヒテのような政治理論家は、「悲観主義」により、実は、味方と敵の区別の実在的可能性または現実性を前提しているにすぎない。偉大で真に体系的な政治思想家ホッブズには、**その極端な個人主義にもかかわらず**、人間の「悲観主義的」見方が**特に強力なため**、**生き生きした政治的意味を保っている**。双方が真で善で正義だという確信を抱くことこそ、最悪の敵対関係、最終的には万人の万人に対する「戦争」をも引き起こすという正しい認識が見られるが、これは、臆病で取り乱した想像の産物でなく、さりとて、自由「競争」に基づく市民社会の兆候でもない。それは、政治に特有の問いを立てて答えることができる思想体系の基本的前提なのだ。

これら政治思想家は、つねにありうる敵の具体的な実存的性格を念頭に置くから、しばしば、安全を必要とする人間を驚かせるような一種の現実主義を表明する。だが、人間の生得的特性への問いを解決しなくても、人間は一般に、少なくとも自分たちに耐えられるか、うまく行きさえするかぎり、脅かされない平穏という幻想を愛し、「悲観論者」に我慢できないと言ってよいだろう。したがって、偽装や隠蔽、曖昧化に政治的な関心をもつ者は、簡単に勝利できる。そうした者は、政治現象と真理の明確な認識や記述を、「自律的専門領域」の名前で、非道徳的・非経済的・非科学的だとし、とりわけ――これが政治的に重要だという理由から――闘争に値する悪魔だと呼び、誹謗中傷しさえすればよいのだ。

マキャヴェリの名前は、こうした戦術の犠牲になった。もしマキャヴェリがマキャヴェリストだったなら、おそらく悪名高い書『君主論』でなく、むしろ人間一般の善良さと特に君主の善良さに関する感動的名句で綴られた書を書いただろう。実際には、マキヤヴェリは、祖国イタリアが一六世紀にドイツ人・フランス人・スペイン人・トルコ人の侵略にさらされていたのと同じく、守勢に立っていた。精神的守勢の状況は、一九世紀初めのドイツで、フランス人が革命政府とナポレオンの下で侵略する間に繰り返された。当時、人道主義的イデオロギーで武装し征服する敵から身を守るのがドイツ人民にとり重要だった時、フィヒテとヘーゲルは、マキャヴェリの名誉を回復したのだ。

「法」と「平和」という言葉が、こうした仕方で政治的に濫用される時、つまり明確な政治的思考を妨げ、自分自身の政治的努力を正統化し、敵対者を資格剥奪するか士気喪失させるために濫用される時、最悪の混乱が生じる。法は、最も確実には偉大な政治的決断の枠内で、正常な状況に基づき、つまり安定した国家制度の枠内で、それ自身の相対的に自立した領域をもつ。だが、法は、人間生活と思考のすべての領域と同じく、他の領域を支持したり、反駁したりするために利用できる。政治的思考の立場からは、法や道徳のこうした利用の政治的意味によく注意するのは当然であり、法にも道徳にも反しない。特に法「というもの」の「支配」や主権という言い方に対し、つねにさらなる問いを発しなければならないだろう。第一に、ここで言う「法」は、今後も通用すべき現行の実定法と立法手続きを意味するのか。もしそうならば、

「法の支配」は、特定の現状の正統化以外に何も意味せず、この法の下で自分の政治権力や経済的利点が安定するすべての人が、この現状の維持に関心をもつのは当然である。〔～〕

第二に、法の援用は、高次の法またはより正しい法、いわゆる自然法または理性法が現状の法に対立することを意味しうる。その場合、この種の法の「支配」または「主権」とは、高次の法を援用でき、高次の法の内容が何か、誰がいかに適用すべきかを決定する**人間集団や国民集団**の支配や主権を意味するのは、政治家にとり当然である。ホッブズは、他の誰よりも明確に、政治的思考のこの単純な帰結を確固として引き出し、繰り返し次の点を強調した。つまり法の主権は、法規範を制定し、運用する人々の主権を意味するにすぎず、「高次の秩序」の支配は、特定の人間が、この高次の秩序に基づき、「低次の秩序」の人間を支配する**べきだ**という政治的意味をもたなければ、空虚な決まり文句にすぎない。こうした政治的思考には、その領域の自律性と閉鎖性のため、全く反論できない。というのも、「法」や「人類」、「秩序」、「平和」の名称で、他の具体的人間集団に対し闘うのは、つねに具体的人間集団であり、政治現象を観察する者は、首尾一貫して自分の政治的思考にとどまるならば、不道徳でシニカルだと非難されても、相変わらず、そこに具体的に闘う人間の政治的手段のみを見て取ることができるからである。

そこで、政治的思考と政治的本能は、理論的にも実践的にも、味方と敵を区別する能力により試される。偉大な政治の頂点は、同時に敵を具体的な明確さで敵として認識する瞬間である。

近代に関し、こうした敵対関係の最も強力な出現は、一八世紀の過小評価できない［ヴォルテールの標語］「恥知らずを粉砕せよ」より強く、シュタイン男爵やクライストのフランス人憎悪「彼らを殴り殺せ、世界法廷は君らに理由を尋ねない」より強く、レーニンのブルジョアと西欧資本主義に対する破壊的命題よりさえも強く、クロムウェルの教皇至上主義的なスペインに対する闘争の中に見られる。一六五六年九月一七日の演説でクロムウェルは言う（カーライル版、第三巻、一九〇二年、二六七頁以下）。「したがって、私が言うべき第一は、存在と保存が自然の第一の教訓だということです。……「我々の国民的存在」の保存は、第一に、これを滅ぼそうと努め、存在しないようにする人々と関連させて考察しなければならない」。つまり我々の敵、これら国民の存在そのものに対する敵を考察しよう（クロムウェルはこの存在そのもの、国民的存在をつねに繰り返し、さらに続ける)。「もちろん、貴方の偉大な敵はスペイン人です。スペイン人は生まれながらの敵です。スペイン人は生まれながらの敵で、生まれながら徹底して敵です。貴方の中には神の御業があるが、神の御業に対する敵対がスペイン人の中にあるという理由から」。そして、クロムウェルは繰り返す。スペイン人は君たちの敵で、彼らの敵対性は、神により彼らの中に植え付けられている。スペイン人は「生まれながらの敵」「摂理による敵」だ。スペイン人を偶然的敵と見なす者は、神の書、神の御業を知らない。神は、貴方の種と彼らの種の間に敵対性を欲すると言った(『創世記』第三章一五節)。フランスとは講和を締結できるが、スペインとは講和できない。というのも、スペインは教皇至上主義の国家であり、教皇は、自分が欲する間しか、講和を守らないからだ(英語で引用した箇所[鍵括弧の箇所]は、別の言語では正しく再現できない)。

しかし、逆も言える。政治史の至る所で、外政でも内政でも、味方と敵を区別できない無能力や意欲の欠如は、政治的終焉の徴候と見なされる。革命以前のロシアでは、没落階級は、ロシアの農民を善良で勇敢でキリスト教的農民としてロマン化した。混乱した欧州では、相対主義的ブルジョアジーは、**到達可能な**すべての異国文化を美的消費の対象にしようと努めた。一七八九年革命以前にフランス貴族社会は、「生来善良な人間」と感動的なまでに有徳な人民を夢見た。トクヴィルは、旧体制の叙述でこの状況を描いたが、その文章に隠された緊張は、彼自身の場合、偉大な政治的情熱に由来する。人々は、革命を何一つ予感しなかった。一七九三年が彼らの足下に迫っていた時、特権階級が人民の善良さ、穏和さ、無垢について安心して予感しない様子で語っているのを見るのは奇妙である。「滑稽で恐るべき光景」だと。

9 ［倫理と経済の両極による脱政治化］

あらゆる政治的観念は、一九世紀の自由主義により、独特の体系的な仕方で変化し、変質してしまっている。歴史的現実という点では、自由主義は、何らかの重要な人間行動と同じく、政治的なものを免れていない。自由主義による（教養、経済などの）中立化と脱政治化も政治的な意味をもっている。あらゆる国の自由主義者は、他の人々と同じく、政治を営んだのであり、国民的自由主義者、社会的自由主義者、自由保守主義者、自由カトリック教徒等のように、全く異なる仕方で非自由主義的な要素や理念と提携した[20]。とりわけ自由主義者は、**政治状況が許す場合**、全く非自由主義的で**むしろ本質的に政治的な**、**国民的な全体国家に突き進む**民主主義勢力と結びついた[21]。だが、問題は、個人主義的な自由主義の一貫した純粋な概念から政治に特有の理念が得られるかどうかである。

この問いは否と答えなければならない。というのも、あらゆる一貫した個人主義に含まれている政治的なものの否定は、確かに、考えうるあらゆる政治権力や国家形態に対する不信という政治的実践につながるが、独自の積極的な国家理論と政治理論には決してつながらないからである。したがって、貿易政策・教会政策・学校政策・文化政策のように、国家や教会その他による個人的自由の制限に対して論争的に対立する意味での自由主義的政治は存在するが、自由主義的政治そのものは存在せず、つねに自由主義的な政治批判のみが存在する。自由主義の体系的理論は、ほとんどもっぱら国家権力に対する国内政治的闘争に関わり、個人的自由と私有財産を保護するため、国家権力を抑制して統制し、国家を「妥協」に、国家制度を「安全弁」に変え、君主政を民主政に、民主政を君主政に「均衡させる」一連の方法を提供する。こうした姿勢は、危機的時代には、とりわけ一八四八年には、極めて矛盾する態度につながったので、ロレンツ・フォン・シュタイン、カール・マルクス、F・ユリウス・シュタール、ドノソ・コルテスのような**注意深い**観察者はすべて、ここに政治的原理や思考の一貫性を見出すのを断念した。

自由主義的思考は、極めて体系的な仕方で国家と政治を避けるか、または無視する。そして、その代わりに、倫理と経済、精神と営業、教養と財産という二つの異質な領域の、つねに繰り返される典型的な両極性の間で揺れ動く。国家と政治に対する批判的不信は、**個人を思考の出発点かつ終着点として念頭に置く**〔自由主義的〕体系の**根本思想**から容易に説明できる。政治的統一は、場合によっては生命の犠牲を望まなければならない。自由主義的思考の個人主義にとり、この要求は決して実現できず、根拠づけられず、**根本から憤慨させる**。個人自身とは別の存在に、個人の肉体的生命に対する処分権を与えるような個人主義とは空虚な文句**である**。自由な者とは別の存在が、自由の内容と程度を決定するような自由主義的「自由」**とは虚偽である**。個人自体にとり、彼が個人的に意欲しなくても、生死を賭けて闘わなければならない敵は存在しない。個人をその意志に反して闘争へと強制するのは、いずれにせよ、私的個人から見れば、不自由で暴力である。あらゆる自由主義的**熱意**は、暴力と不自由に反対する。

原理的に無制限な個人的自由、私有財産と自由競争を侵害し、危険にさらすものはすべて「暴力」と呼ばれ、当然に悪なのだ。**しかし、数千人の農民が高利貸しの執行官により貧困に追い立てられても、それは「法治国家」であり、国家が介入してはならない「経済的合法則性」なのだ。**この自由主義が国家と政治の中にまだ価値を認めるのは、自由の条件を保障し、自由の妨害を取り除く点に限られる。こうして脱軍事化し脱政治化した概念の全体系に到達する。反動はあるにせよ、今日の欧州で他のどんな体系にもまだ置き換えられていない、驚くほど一貫した自由主義的思考の体系性を示すため、いくつかの概念体系を数え上げてみたい。

この際、つねに注意しなければならないのは、これら自由主義的概念が、典型的な仕方で倫理と経済、精神性と営業の間で揺れ動き、これら両極の面から、政治的なものを「征服する暴力」の領域として絶滅しようとする点である。「法治」国家、すなわち「私法」国家の概念は、**国家を「非政治的社会」の道具とするための梃子として**役立ち、私有財産の概念は世界の中心をなしており、倫理と経済、**精神と営業という**両極は、この中心点から放射される対立的力にすぎない。**純粋倫理的情熱と純粋物質主義的・経済的客観性は、典型的に自由主義的なあらゆる表現において結びつき、あ**

らゆる政治的概念の様相を一変させる。そこで、**戦争**という政治的概念は、自由主義的思考では、経済的な面では競争に、他の「精神的」面では討論に変化する。「戦争」と「平和」という異なる二つの状態の明確な区別に代わり、永遠の競争と永遠の討論という力学、**決して血を流してはならない、決して敵対的になってはならない永遠の競技**が現れる。国家は社会に変化する。しかも、倫理的・精神的面では、「人類」というイデオロギー的・人道主義的観念に変化し、他面では、**合法則的に自己制御する**生産・交通システムという経済的・技術的統一体に変化する。闘争状況で生じる、敵から防御しようとする全く自明の意志は、社会的な理想またはプログラム、傾向または経済的計算に変化する。政治的に統一した国民は、一面では、文化的関心をもつ公衆に変化し、他面では、一つには経営・労働の従事者に、一つには消費者大衆に変化する。支配と権力は、精神的極では、宣伝と大衆暗示に、経済的極では、「統制」に変化する。

これらの解決はすべて、極めて確実に、国家と政治を一つには個人主義的で私法的な道徳に、一つには経済的カテゴリーに従属させて、その特有な意味を奪い取ろうと目指している。自由主義が、全く自明であるかのように、政治的なものの外部に、人間生活の異なる領域の「自律性」を承認するばかりか、それを特殊化して完全に孤立するまでに誇張するのは実に奇妙である。芸術が「自由の娘」であり、美的価値判断が自律的であり、芸術的天才が至上であること、**芸術作品が、偏りなくその「目的をそれ自体に」もっていること**は、自由主義にとり自明だと思われる。多くの**ドイツ**の国々では、芸術の自律的自由が道徳主義的な「倫理の使徒」により脅かされた時にのみ、真に自由主義的情熱は高まった。道徳もまた、形而上学と宗教に対し自律的になり、科学は、宗教・芸術・道徳などに対し自律的になった。だが、自律的な専門領域の際立って重要な事例は、**経済**の規範と法則の自立性が、完全な確実さで貫かれた点である。生産と消費、価格形成と市場は独自の領域をもち、「**自己自身を制御する**」**から**、倫理からも、美学からも、宗教からも、ましてや政治からも指令することができないのは、自由主義的時代の、真に議論する余地なく、疑う余地のない数少ない教義の一つだと見なされた。特別な**熱意**で政治的観点からあらゆる妥当性を奪い取り、道徳・法・経済の**規制**と「秩序」に従属させたことは、それだけに興味深いことである。**もちろん**、**この脱政治化は、全く政治的意味をもっている。**政治的存在の具体的現実では、抽象的「秩序」と**合法則性**が**統治**し支配するのでなく、つねに**極めて**具体的人間や団体が別の**同様に**具体的人間や団体を**統治し**支配するだけだ。**そこで**、ここでも、政治的に見れば、道徳「というもの」・法「というもの」・経済「というもの」・科学「というもの」・芸術「というもの」・「規範」の支配は、政治的意味をもっており、**脱政治化は政治的に特に有用な、政治闘争の武器にすぎない**。

注解（一九二七年から変わらず）　ヴェルサイユ条約のイデオロギー的構造は、まさに倫理的情熱と経済的打算のこうした両極性に対応する。第二三一条で、ドイツ国はあらゆる戦争被害と戦争損害の「責任」を承認するよう強制され、法的・道徳的価値判断の基礎を作り出した。「併合」のような政治的概念は回避され、アルザス＝ロレーヌの割譲は、「領土返還」すなわち不正の補償とされ、ポーランド・デンマーク領域の割譲は、民族自決の理想的要求に奉仕するとされ、植民地の放棄は、第二二条で、無私の人道性の産物とさえ宣言される。こうした理想主義の経済的対極をなすのは賠償、すなわち敗戦国の永続的で無制限の経済的搾取である。その結果、こうした条約は「平和」のような政治的概念を全く実現できなかったため、つねに新たな「真の」講和条約が必要になった。一九二四年八月のロンドン議定書（ドーズ案）、一九二五年一〇月のロカルノ条約、一九二六年九月の国際連盟加入というように、一連の系列はまだ終わっていない。

10 [続[10]]

自由主義的思考は、最初から、国家と政治に対して「暴力」という非難の声を上げた。偉大な形而上学的構成と歴史解釈の連関がより広い視野とより強い説得力を提供しなかったならば、この非難は政治的闘争の数多い無力な罵り言葉の一つだっただろう。啓蒙された一八世紀は、人類の向上する進歩という単純明快な直線を目の前に見ていた。進歩は、とりわけ人類の知的・道徳的完成にあるとされた。直線は二つの点の間で動き、**野蛮と狂信から始まり**、精神的自由と成年へ、教義から批判へ、迷信から啓蒙へ、闇から光へと**上昇した**。もっとも、次の一九世紀の前半では、極めて重要な三項形式の構成が現れた。特にヘーゲルの弁証法的段階系列(例えば、自然的共同体—市民社会—国家)とコントの有名な三段階法則(神学から形而上学を経て実証科学へ)がそうである。だが、この三項形式には、**単純な**二項対立のもつ論争的衝撃力が欠けている。そこで、平穏と倦怠と復古の時代の後で闘争が再び始まるや否や、すぐに再び単純な二項形式の対置が勝利した。二元論を決して好戦的に考えていなかったドイツでさえ、一九世紀後半には、O・ギールケの支配と団体、F・テニエスの共同社会と利益社会のような二元論が、ヘーゲルの三項形式の図式に取って代わった。

歴史的に影響の大きい二項対立まで上昇した対立の最良の事例は、カール・マルクスが発展させたブルジョアとプロレタリアの対置である。すでに多くの歴史家と哲学者は、世界史が経済的な階級闘争の歴史だと述べていた。マルクスは、この思考を、歴史哲学的な進歩思想・発展思想へと移し入れ、形而上学的な水準までに、極端に政治的に有効な水準までに高めた。世界史上のあらゆる闘争は、人類の最終敵に対する唯一の最終的闘争に集約され、地上の多くのブルジョアジーは唯一のブルジョアジーに、ブルジョアジー「というもの」に、同様に多くのプロレタリアートは唯一のプロレタリアートに、プロレタリアート「というもの」にまとめ上げられる。こうして「最後の戦闘のための」強力な味方と敵のグループ分けを作り出すことができる。この歴史構成は、一九世紀の思考にとり納得できるものだった。というのも、それは、自由主義的・市民的敵対者の後を追って、経済的領域に入り込み、敵対者を、この領域で、いわば彼自身の国で、彼自身の武器で追いつめたからである。なぜなら、経済的なものへの転換も「産業社会」の勝利で決定していたからである。マルクス主義は、一九世紀の自由主義的思考様式を適用した事例にすぎない。英国がナポレオンの軍事的帝国主義に勝利した年である一八一四年を、この新しい信仰の誕生した年と見ることができる。その最も単純で最も明白な理論を提供したのは、人類史が「軍事的・封建的」社会から「産業的・商業的」社会への発展に他ならないというH・スペンサーの歴史解釈である。その最初の、だがすでに完全に文学的な記録は、バンジャマン・コンスタンが一八一四年に公刊した「征服の精神〔と簒奪〕」に関する論考である。コンスタンは、一九世紀の自由主義的精神全体の教父である。コンスタンの一八一四年論考は、幻滅と欺瞞で満たされた一九世紀の精神的武器庫全体をすでに含んでいる。

ここで決定的なのは、一八世紀にまだ主に人道的・道徳的で知性的で「精神的」だった進歩への信仰が、一九世紀の経済的・産業的・技術的な発展にしたがい変化する点である。「経済」は、今や抗しがたく進歩する発展の担い手だと感じられた。経済、商業と産業、技術的完成、自由と合理化は自明の同盟者だと見なされ、分離されず、区別されない。これらがいずれ敵対することがあろうとは、一九世紀の通常の人間は想像できなかっただろう。同時にこれらはすべて例外なく、「封建」時代の好戦的暴力行為に対比すれば本質的に平和的だと見なされた。そこから、一九世紀全体にとり、今日まで公式の自由民主主義的なフランスとフランスが指導する精神的・政治的な家臣にとり特徴的な次の一連の政治的・論争的な対置が生じる。

経済・産業・技術と結びついた　　対　国家・戦争・政治と結びついた
内政では活発に議会主義と討論の形を取る　対　絶対主義と独裁の形を取る
自由・進歩・理性　　対　封建主義・反動・暴力行為

一世紀全体の政治的理論と討論はこの系列に還元できる。したがって、系列を構成する個々の要素と対立項は、注意深く考察するに値する。というのも、多くのドイツ人（そして当然にもずっと多くの非ドイツ人）は、何としてでも一九世紀にとどまろうとするからだ。

バンジャマン・コンスタンのあの一八一四年の著書には、この自由主義的教義問答の完全なリストがすでに見られる。そこでは、次のように言う。われわれは、戦争の時代が産業の時代に必然的に先行しなければならなかったのと同様に、必然的に戦争の時代に取って代わらなければならない時代、商業と産業の時代に到達している。次に二つの時代の異なる特徴づけが続く。経済の時代は、交換と平和的合意を通じて生活必需品を得ようとし、他方の時代は、戦争と暴力を通じて得ようとする。後者は野蛮な衝動なのに対し、前者は**合理的な**文明化した計算である。戦争と暴力的征服は、商業と産業が提供できる快適と便利を作り出すことができないから、戦争は何の利益もなく、戦争の勝利は、勝者にとっても得にならない商売である(**これは極めて重要である**。**戦争を得になる商売だと見なすならば、戦争は**「**社会的理想**」**でありうる**)。さらに近代の戦争技術の巨大な発展——ここでコンスタンは、ナポレオン軍の技術的優位の主な要因だった大砲を特に挙げている——は、以前は戦争では英雄的で名誉あるものと見なされていた個人的勇気や闘争の喜びを、無意味なものにした。コンスタンの結論は言う。そこで、今日の戦争は、どんな利益も、どんな魅力も失ってしまった。**経済的利害も、闘争の喜びも、人間に近代戦争への動機づけを与えることができない**。以前は好戦的民族が商業的民族を征服したが、今日では逆である。言い換えれば、**歴史哲学的必然性により普遍的平和の時代が始まる**。

この間に我々は、こうした診断が正しいかどうか、「科学」を装う自由主義的一九世紀の形而上学が真実かどうかを調べるのに充分な経験をした。経済・自由・技術・倫理・議会主義からなる極めて複雑な**同盟はもちこたえなかった**。この同盟は、当時の敵対者である絶対主義国家と封建制貴族制の残滓をずっと以前に片付けてしまい、その結果、あらゆる現実的意味を失った。この同盟に代わり、今や全く新たなグループ分けと同盟が現れる。経済は、我々には、もはや自ずと自由の領域ではない。技術は安楽と快適に奉仕するばかりか、同様に危険な武器と手段の生産に奉仕する。技術の進歩は、残念ながら、一八世紀に進歩として想像された人道的・道徳的な完成を自ずともたらさず、オートバイ運転手は、高度な技術の進歩的影響のおかげで、自ずと一八三〇年の郵便馬車の御者よりも人間的な類型であるわけでない。最後に我々は、技術的合理化は経済的合理化の反対物でありうることも経験した。にもかかわらず、欧州の精神的雰囲気は、今日まで、一九世紀のこうした歴史解釈に充たされたままであり、その定式や概念は、少なくとも最近まで、古い敵対者の死後も生き続けるように見える活力を保っていた。

　最近数十年では、ベルリン・フランクフルトの社会学者フランツ・オッペンハイマーのテーゼが分かりやすい事例である。オッペンハイマーは、その目標として「国家の死滅」を宣言する。彼の自由主義は、国家をもはや武装した事務管理者としてすら認めないほどに急進的である。彼は、一連の「定義」を用いて、今や直ちに「［国家の］死滅」

を実行に移す。国家の概念は「政治的手段」により、**自称本質的に非政治的な社会の対抗概念**は「**経済的手段**」により定められる。だが、次に政治的手段と経済的手段を定義する述語は、倫理と経済の両極性の間で動揺し、政治と国家に反対するあの**論争**の特徴的な言い換えにすぎず、一九世紀ドイツにおける国家と社会、政治と経済の**政治的**関係を反映する明白に論争的な二項対立**である**。**オッペンハイマーによれば**、経済的手段とは交換であり、給付と反対給付の相互性であるから、相互性、平等、正義と平和であり、最終的に「和合と友愛と正義の団体精神」そのものに他ならない。これに対し、政治的手段とは「征服する経済外的暴力」、あらゆる種類の強奪、征服、犯罪である。**今日では誰もが、こうした**「**定義**」**を直ちに情緒を背負った政治的弾丸だと認識するが、一九世紀の精神が支配するかぎり、これら定義は、**「**科学的**」**で**「**価値自由**」**だと自称するのが許された**。ヘーゲルが体系化した一九世紀ドイツの国家観は、「利己主義的」社会の「動物の国」の上に高くそびえる国家を、倫理と客観的理性の領域として構成したのに対し、**ドイツ国家に侵入するこの新たな階層**[11]の価値秩序は転倒している。彼らにとり、平和的正義の領域である社会(**すなわち彼ら自身**)は、国家、**すなわち彼らがまだ到達できない軍人・官僚階層**よりも無限に高くそびえている。したがって、この国家は、**この社会学的**「**科学**」**により暴力的非理性の領域として**「**仮面剥奪**」される。

しかし、善良で正しく平和的で、一言で言えば好ましい交換を、粗野で強奪的で犯罪的な政治に対置して、道徳的な資格剝奪により単純に定義するのは、本来は許されないし、道徳的にも心理的にも、ましてや科学的にも正しくない。こうした方法によれば、逆に全く同じく、政治を名誉ある闘争の領域として、経済を詐欺の世界として定義できるだろう。というのも、最終的には、政治的なものと強奪や暴力との連関は、経済的なものと狡知や詐欺との連関以上には特有ではないからである。交換と詐欺は、しばしば密接に連関する。経済的土台に基づく人間支配は、あらゆる政治責任と可視性を免れることで、非政治的にとどまるならば、まさに恐るべき詐欺として現れざるをえない。交換の概念は、契約当事者の一人が不利益を被り、相互契約の体系が最終的に最悪の搾取と抑圧の体系に転換するのを、概念的には決して排除しない。こうした状況で、搾取され抑圧された者が自己防衛するならば、経済的手段では自己防衛できないのは自明である。経済力の所有者が、自分の権力地位を「経済外的に」変更するあらゆる試みを暴力と犯罪だと呼び、阻止しようとするのは、同様に自明である。これにより、交換と相互契約に基づく、**自ずと**平和的で正しい社会というあの理念的構成が消え去るだけである。残念ながら、高利貸しと恐喝者も、契約の神聖と「契約は守られるべきだ」の命題**と法治国家**を引き合いに出す。「交換」の領域は狭い限界をもっており、万事が交換価値をもつわけでない。例えば、政治的自由と政治的独立に対しては、買収額がどんなに高くても、何の正しい等価物も存在しない。

こうした定義や構成はすべて、最終的に倫理と経済の両極性の周りをめぐるだけだから、その助けを借りても、国家と政治を死滅させることはできず、世界を脱政治化しないだろう。経済的対立が政治的になっており、「経済的権力地位」の概念が成立できたことは、あらゆる専門領域からと同じく、経済からも政治的なものの地点に到達できることを示すだけである。ヴァルター・ラーテナウのよく引用される言葉「今日では、政治ではなく経済が運命である」は、こうした印象から成立した。**この言葉は、経済的地位に基づく政治権力に奉仕した。**相変わらず政治は運命にとどまり、経済が政治問題化したがゆえに「運命」となり始めただけだと言うのが一層正しいだろう。

したがって、経済的優越**に基づく**政治的地位は、（一九一九年に**社会学者**ヨゼフ・シュンペーターが**主張した**ように、）「本質的に非好戦的」だと信じたのは誤りだった。本質的に非好戦的なのは用語だけであり、しかも自由主義イデオロギーの本質からそうなのである。もちろん、経済的に基礎づけられた帝国主義は、借款停止・原料停止・外貨破壊などの経済的権力手段を邪魔されずに適用でき、経済的権力手段で間に合うような地上の状態をもたらそうと努めるだろう。もし一民族や他の人間集団が、この「平和的」方法の作用を免れようとすれば、帝国主義は、これを「経済外的暴力」だと見なすだろう。帝国主義は、より厳しいが、依然として「経済的」で、それゆえに(用語上は)非政治的で本質的に平和的な強制手段、例えば、ジュネーヴ国際連盟が連盟規約第一六条の実施「要綱」で列挙したように(一九二一年第二回国際連盟総会決議第一四項)、民間住民への食糧輸入停止や食糧封鎖という強制手段を使用するだろう。最終的に、帝国主義は、暴力的な物理的殺戮の技術的手段、技術的に完全な近代兵器も手にしており、近代兵器を、必要ならば現実にも使用できるよう、資本と知力を動員し、途方もなく使用可能な水準まで高めてしまっている。もっとも、こうした手段を使用するため、本質的に平和主義的な新たな語彙が作り出されるが、そこでは、戦争はもはや見当たらず、執行・制裁・処罰・平和化・契約保全・国際警察・平和維持措置のみが見出される。

この脱政治化した政治体系では、敵対者はもはや「敵」と呼ばれず、これに代わり、「平和違反者」、「平和攪乱者」と呼ばれ、法の外部、人類の外部に置かれる。そして、経済的権力地位を維持し拡大するため行われる戦争は、残虐な誹謗攻撃と宣伝活動を動員し、「十字軍」へ、「人類最後の戦争」へと高められざるをえない。倫理と経済、理想主義と唯物主義、教養と財産の自由主義的両極性がこれを要求するのだ。確かに、倫理と経済の両極性には驚くべき体系性と帰結が示されているが、自称非政治的で、一見して反政治的でさえあるこの体系も、現存する味方と敵のグループ分けに奉仕するか、新たな味方と敵のグループ分けにつながるか、このいずれかであり、政治的なものの帰結から逃れることはできない。

原　注

（1）A・ボイムラーは、ニーチェとヘラクレイトスの闘争概念を全くアゴーン的意味に解釈する。[12] ヴァルハラでは敵はどこから来るかという問題。H・シェーファー『国家形態と政治』（一九三二年）は、ギリシア生活の「アゴーン的根本性格」を指摘する。ギリシア人対ギリシア人の流血の衝突でも、闘争は「アゴーン」にすぎず、敵対者は「対抗相手」、競技の相手、闘技の相手にすぎず、敵でなかった。したがって、競技の終了は

「講和」(ギリシア語の eirēnē)でもなかった。これは、ペロポネソス戦争でギリシア民族の政治的統一が破れた時に初めてなくなる。アゴーン的思考と政治的思考の偉大な形而上学的対立は、戦争をより深く討議する際に現れる。近年では、ここでエルンスト・ユンガーとパウル・アダムスの間の素晴らしい論争(ドイツ放送、一九三三年二月一日)を挙げたい。この論争が印刷されて、直ぐにでも読むことができるのを望んでいる。ここでエルンスト・ユンガーは、「人間は平和の素質がない」というアゴーン的原理を主張し、パウル・アダムスは、戦争の意味が支配、秩序、平和の創出にあると見なした。

(2) 一九一四年の世界大戦中にドイツで製作され、普及した「英国を憎悪する歌」は、ドイツ兵士にもドイツ政治家にも由来しない。

(3) プラトン『国家』第五巻一六章、四七〇、は、polemios と echthros の対立を強く強調するが、polemos(戦争)と stasis(反乱、蜂起、暴動、内戦)という別の対立と結びつけている。プラトンにとり、ギリシア人と(「生来の敵」である)野蛮人の間の戦争だけが現実の戦争であり、これに対し、ギリシア人の間の**戦争**は staseis(「哲学叢書」第八〇巻、二〇八頁、の翻訳でオットー・アーペルトは「不和」と訳する)である。ここには、国民は、自己自身に対し戦争を遂行できず、「内戦」は、おそらく新国家の形成や新国民の形成でなく、自己分断のみを意味するという思想が働いている。

hostis の概念は、**事典の定義により最もよく表現される**。「hostis は、我々が公的に戦争する相手であり、……この点で、我々が私的争いをする相手である *inimicus* から区別される。そこで両者は、inimicus が我々を憎み、hostis が我々と闘うというように区別される」。

（4）そこで、政治的に注目すべき階級が「社会的」要求を挙げた時、初めて「社会政策」が存在する。以前貧困者や困窮者に与えていた福祉事業は、社会政策の問題と感じられず、そう呼ばれなかった。同様に、教会が政治的に注目すべき対抗者として存在する場合にのみ、教会政策が存在した。

（5）マキャヴェリは、例えば、君主政でないすべての国家を共和国と呼んだ。これにより、マキャヴェリは共和国の定義を今日まで定めた。**自由民主主義的な国法学者**リヒャルト・トーマは、民主政を非特権国家と定義し、すべての非民主政を「特権国家」だと**見せかける**。

（6）ここでも、数多くの種類と程度の論争的性格がありうるが、政治的な造語と概念形成における本質的に論争的要素はつねに見て取れる。これにより、用語の問題は高度に政治的事柄となる。一つの語や表現は同時に敵対的対決の反映・合図・目印・武器でありうる。例えば、第二インターナショナルの社会主義者カール・レンナーは、（**ある研究**『私法の法制度』テュービンゲン、一九二九年、九七頁で、）賃借人が家主に支払うべき家賃を「貢納」と呼び、**こうした言葉で階級闘争と内戦の武器を作り出す**。大抵のドイツの法学者、裁判官、弁護士は、こうした呼び方を、私法関係の許されざる「政治化」、「純粋法律的」「純粋法的」「純粋学問的」論議の攪乱として拒否するだろう。というのも、彼らにとり、問題は「実定法的に」解決されており、**それは、彼らが**国家の政治的決定**を承認しているのを意味するだけだ**からである。［〜］

逆に数多くの第二インターナショナルの社会主義者**と「履行政策」支持の日刊紙**は、武装したフランスが武装解除したドイツに強制**した**支払いを、「貢納」でなく、「賠償」**と呼んだ**のを重視する。「賠償」は、「貢納」よりも法律的で、**実定的で、**非論争的で、非政治的で、平和的であるように見える。だが、詳しく見れば、「賠償」は一層強烈に論争的で政治的でもある。というのも、この言葉は、法律的で道徳的な無価値判断を政治的に利用して、敗北した敵に支払いを強制し、同時に法的・道徳的資格を剝奪しようとするからである。**いずれにせよ一九一九年から一九三二年まで、**「貢納」と言うべきか、「賠償」と言うべきかという問題は、ドイツで国内的対立の**論争対象**とな**っていた。**

［一九三二年版の以下の文章は削除されている。］
（7）クラウゼヴィッツは言う（『戦争論』第三部、ベルリン、一八三四年、一四〇頁）。「戦争は、他の手段を介入させた政治的交渉の継続である」。戦争は、彼にとり、「政治の単なる道具」なのだ。確かに戦争はその通りだが、政治の本質を認識するための戦争の意味は、これでは、まだ言い尽くされていない。厳密に見れば、クラウゼヴィッツで

は、戦争は多くの道具の一つでなく、味方と敵のグループ分けの「最後の手段」なのだ。戦争は自分自身の文法(すなわち軍事技術的な固有法則性)をもつが、政治が戦争の「頭脳」にとどまり、戦争は「自分自身の論理」をもたない。すなわち、戦争は、自分自身の論理をもっぱら味方と敵の概念から手に入れる。一四一頁の命題があらゆる政治的なもののこの核心を明らかにする。「戦争が政治に属するならば、戦争は政治の性格を身に付けるだろう。政治が偉大で強力になれば、戦争もそうなるが、これは、戦争が絶対的形態に到達する高みにまで上昇する」。**戦争は、敵対関係の程度が強まるほど、ますます強く戦争になりうる。**

(9)[注番号(8)が欠けている。]「この巨大な出来事、……歴史上これほど巨大な場所を占めた途方もない驚くべき存在の死。国家は死んだ」。E・ベール(その理念はジョルジュ・ソレルに由来する)『社会主義運動』一九〇七年一〇月。[一九三二年版の以下の文章は削除されている。]

(11)[注番号(10)が欠けている。]**J・ネヴィル・フィッギスは、その書**『近代国家における教会』(ロンドン、一九一三年)で次のように言う。教会と国家、すなわち教皇と皇帝、より厳密には聖職者身分と世俗的諸身分の中世的争いは、二つの「社会」の闘争でなく、同じ統一内部の内戦だったのに対し、今日ここで対決するのは二つの社会、二つの人民である。**この主張は、次の点を認識するのに適した出発点だと私には思われる。**

つまり、教会と帝国の問題は、教会と国家の問題とは全く別なのだ。キリスト教会に関して、一つの帝国、一つの皇帝、一つの教会の首長のみが存在する。しかし、教会分裂以前の時代には、教皇と皇帝の関係は、「教皇が権威をもち、皇帝が権力をもつ、すなわち同じ統一の内部で権限の分配が存在する」と定式化できたのに対し、カトリックの教説は、一二世紀以来、教会と国家は二つの社会、しかも（それぞれ各領域で主権をもち、自足的な）二つの完全な社会であることにこだわった。この際に、もちろん、教会の側では、唯一の教会のみが完全な社会だと認められたのに対し、国家の側では、今日、完全な社会の（無数でないとしても）多数性が現れる。もっとも、この社会の「完全性」は、その多数により極めて疑わしくなる。［一九三二年版の以下の文章は次の注に移されている。］

（12）もちろん、英米的色彩の多元主義理論に典型的な教会と労働組合の並置は、カトリック理論では考えられない。同様にカトリック教会は、労働者インターナショナルと本質上等しいと扱うことはできないだろう。実際には教会は、社会民主主義的多元主義者ラスキにとり、社会民主主義的労働組合とその自由主義的個人主義の国家理論的口実として役立つにすぎない。ところで、ドイツ中央党とドイツ社会民主党の間の一四年間の結束にもかかわらず、残念ながら、カトリック側でも多元主義者の側でも、双方の理論とその相互関係の明確で根本的な論議は欠けている。

(13) 後の枢機卿ニューマンのノーフォーク公爵への手紙から(グラッドストーン『ヴァチカン教令の、臣下の忠誠にとっての意味』一八七四年)以下の文章が、**紛争事態への問いに答える上で興味を引く。**「教皇とその同盟者に対してイタリアを支持するため、英国が装甲艦を派遣しようとすると想定しよう。そうすれば、確かに英国のカトリック教徒は、これに大変憤慨し、戦争の始まる前にも教皇を支持し、戦争を阻止するため、あらゆる憲法上の手段を講じるだろう。だが、戦争がいったん勃発すれば、彼らの行動様式は、戦争終結のため祈り、努力する以外に何かあるだろうと誰が信じるのか。彼らが背信的性格の何らかの行為に踏み切るだろうとどんな根拠から主張できるだろうか。」

(14) 公式のドイツ語訳(ライヒ官報、一九二九年、II、九七頁)は、「国際紛争を解決する手段として戦争を断罪する(verurteilen)」と言うのに対し、英語テクストは condemn、フランス語テクストは condamner と言う。一九二八年八月二七日ケロッグ条約のテクストは、極めて重要な留保付きで——英国は国民的名誉、自衛、国際連盟規約とロカルノ条約、エジプト・パレスティナ等の領土の安寧と不可侵、フランスは自衛、国際連盟規約、ロカルノ条約と中立条約、特にケロッグ条約自身の遵守、ポーランドは自衛、ケロッグ条約自身の遵守、国際連盟規約——、資料集『国際連盟と平和確保の政治問題』(トイブナー歴史教育資料集、IV、13)ライプツィヒ、一九三〇年、に印刷されている。

留保という一般法律的問題は、契約の不可侵と「契約は遵守すべきだ」という命題が詳しく議論された場合も、まだ体系的に論じられていない。だが、従来欠けている学問的論述の極めて注目に値する端緒は、カール・ビルフィンガー「政治的権利の考察」『外国公法雑誌』第一巻、五七頁以下、ベルリン、一九二九年、に見られる。平和化された人類の一般的問題につき、**一五九頁**の本文の詳述、参照。ケロッグ条約が戦争を禁止せず、是認している点につき、アルトゥール・ヴェグナー『法学入門』Ⅱ（ゲシェン、一〇四八号）一〇九頁以下、参照［一九三二年版のボーチャードの論文名は削除されている］。

（15）この種の非公共的で政治的に無関心な特殊存在を、何らかの仕方で（外国人法による特権化、組織的隔離、治外法権、滞在許可と認可、在留外国人立法やその他の方法により）規制するのは、政治共同体の問題である。危険のない非政治的実存（ブルジョアの定義）への努力につき、下記**一七〇頁**のヘーゲルの言葉を参照。

（16）戦争の「追放」につき、上記**一五四―一五五頁**参照。プーフェンドルフは（『自然法と万民法』Ⅷ c.Ⅵ、五節）、特定の国民は「本性上追放されている」、例えばアメリカ・インディアンは、人肉を食べるため、追放されているというベーコンの言葉を引用し、同意している。**人道的理由から自然保護公園に保存されないかぎり**、事実、北米インディアンは現実に絶滅されてしまっている。文明が進歩し、道徳性が向上すれば、人肉食よりも無害なことでも、そうした仕方で追放されるにはおそらく充分だろう。**特別に**

「厳密に法的に」考える人道主義者にとり、一国民が債務を支払えないだけで、おそらく追放されるのに充分だろう。

(17)『国際連盟の中心問題』ベルリン、一九二六年。

(18)「人民は善で、行政官は腐敗すると想定しないすべての制度は……非難すべきだ」というバブーフによる護民官の定式は、自由主義的でなく、むしろ民主主義的に考えられており、人民と行政官、被治者と治者が質的に区別されないのを目指していると思われる。

(19)この「法律家の黄金律」は、立証責任を規制する点に意味があるが、その前提は、国家の存在が、危険に対し平和な秩序を保障することで「道徳の外的秩序」を創り、その枠内で人間が「善良」でありうる正常な状況を創り出すことである。というのも、正常な状況では、善良な警察が、人間が現実に邪悪で危険になるのを妨げるからである。その時、この保障された秩序の影の下で、各個人が「善良」だという擬制と推定が盛んに行われる。［選択の自由に関する一九三二年版の次の原注(24)は、削除されている。］

(20)結合例は容易に増やすことができる。一八〇〇年から一八三〇年までのドイツ・ロマン派は、伝統的で封建的な自由主義、すなわち、社会学的に言えば、近代的な市民運動である。市民階級は、当時存在した封建的伝統の政治力を取り除くにはまだ充分に強力でなく、そこで、後に本質的に民主主義的なナショナリズムや社会主義と協力しようとしたように、この封建的政治力と協力しようと試みた。一貫して市民的な自由主義からはまさに何の政治理論も得ることはできない。これこそ、ロマン派が何の政治理論ももつことができず、つねに支配的な政治勢力に適応することの究極の理由である。G・フォン・ベロウのように、つねに「保守的」ロマン派のみを見出そうとする歴史家は、この極めて明白な連関を無視せざるをえない。典型的に自由主義的な議会主義を文学的に代表する三人の偉大な使者は、三人の典型的なロマン派、バーク、シャトーブリアン、バンジャマン・コンスタンだ。

(21) 自由主義と民主主義の対立につき、カール・シュミット『現代議会主義の精神史的状況』第二版、一九二六年、一三頁以下。［テニエスやヘーフェレの論文への一九三二年版の言及は削除されている。］民主主義と全体国家の関連につき、ツィーグラー『**権威主義国家か全体国家か**』**テュービンゲン、一九三二年**。

訳注

［1］一九三三年版では、一九三二年版の第一節は完全に削除され、第二節の第二段落から始まる。したがって、一九三三年版の第一節と第二節は、それぞれ一九三二年版の第二節と第三節に対応する。

［2］「同種の者と同盟者」「他人と異種の者」という味方と敵の新たな定義は、後にレー

ヴィットにより両義的だと批判される(訳者解説、参照)。

[3] 「自分の存在に固執する」(in suo esse perseverare)は、シュミット『憲法論』二二頁、で引用され、出典にスピノザが挙げられている。スピノザ『エティカ』第三部定理六以下、参照。

[4] 一九三二年版の第三節は、一九三三年版の第二節と以下の第三節に分かれている。

[5] E・カウフマンを批判する一九三二年版の原注(9)は、一九三三年版では削除されている。

[6] 一九三二年版の次の一文「政治的なものは、……正しく区別する課題にある。」は、一九三三年版では、第三節・第二段落の冒頭に移されている。

[7] M・オーリウ『公法原理』(パリ、一九一〇年)一二七頁。

[8] 一九三二年版の第五節は、一九三三年版の第五節と以下の第六節に分かれている。

[9] フリードリヒ・ユリウス・シュタール(一八〇二—一八六一年)が、一八一九年にユダヤ教徒からルター派に改宗し、改姓して同化した点を一九三三年版で加筆している。代わって、レーニンとルカーチに言及する一九三二年版の以下の文章は削除されている。

[10] 一九三二年版の第八節は、一九三三年版の第九節と以下の第一〇節に分かれている。

[11] 同化したユダヤ人を指すため、一九三三年版で加筆している。F・ザンダーを引用する一九三二年版の原注(27)も削除されている。

〔12〕ニーチェとヘラクレイトスの世界像の中心概念たるアゴーンにつき、A・ボイムラー『バッハホーフェンとニーチェ』（一九二九年）三七―四〇頁。

政治的なものの概念（一九六三年版）

序　文[1]

『政治的なものの概念』という著作のこの新版は、一九三二年版の変わらない完全なテクストを含んでいる。一九三二年版の後記は、この著作の厳密に教育的な性格を強調し、ここで政治的なものの概念につき述べたことはすべて、ただ「途方もない問題を理論的に枠づける」ためだとはっきり力説している。言い換えれば、混乱した主題群を整序し、その概念の位置を見出すため、特定の法学上の問題の枠組みを定めるべきなのだ。これは、時代を超えた本質の規定で始めるのでなく、さしあたり、素材と状況を見失わないため、基準「の設定」を始める作業である。この際に主として、一方では国家的と政治的という概念と、他方では戦争と敵という概念との関係と相互の位置付けが問題となるが、それは、概念「が使用される」領域のため役立つ情報内容を認識するためである。

挑戦(挑発)

政治的なものの関係する領域は、諸力と諸勢力が、自己主張するため、相互に結合し、または相互に分離するにしたがい、絶えず変化する。アリストテレスは、古代ポリスから、中世スコラ学者とは別の、政治的なものの〔概念〕規定を手に入れた。中世スコラ学者は、アリストテレスの定式を文字通りに受け取ったが、全く別のことを念頭に置いていた。すなわち霊的・教会的な事柄と世俗的・政治的な事柄の間の対立という二つの具体的秩序の間の緊張関係である。西欧の〔カトリック〕教会の統一が、一六世紀に〔宗教改革により〕崩壊し、政治的統一がキリスト教の宗派間の内戦により破壊された時、フランスでは、まさに、宗派間の内戦で高次の中立的統一である国家を擁護した法学者は、ポリティク〔政治派〕と呼ばれた。ヨーロッパ国法・国際法の父ジャン・ボダンは、この時代のそうした典型的な政治派だった。

人類の中のヨーロッパ地域は、つい最近まで、法的概念が国家により完全に特徴づけられ、国家を政治的統一のモデルとして前提する時代に生きていた。国家中心の時代は、今や終わろうとしている。これについては、もはや何も言う必要がない。国家中心の時代とともに、四世紀の思考作業の中でヨーロッパ中心の国法学・国際法学を築き上げた国家中心的概念の上部構造全体が終わろうとしている。政治的統一のモデルである国家、あらゆる独占の中で最も驚くべき独占、すなわち政治的決定の独占の担い手である国家、ヨーロッパ的形式を備えた、西欧合理主義のこの輝かしい傑作が退位するのだ。だが、国家の様々な概念は保たれており、まだ古典的概念としてすら保たれている。もちろん、古典的という言葉は、今日では大抵、皮肉にと言わないまでも、両義的でアンビヴァレントに響く。

国家的と政治的という概念を同一視するのに意味があった時代がかつて現実に存在した。というのも、ヨーロッパの古典的国家は、全くありそうもないこと、すなわち国内で平和を創出し、敵対関係を法的概念として取り除くことに成功したからである。古典的国家は、中世の法制度であるフェーデ［私的決闘］を取り除き、双方の側で特に正しい戦争として遂行された一六・一七世紀の宗派間内戦を終わらせて、自国の領域内部で平穏・安全・秩序を確立することに成功したのだ。「平穏・安全・秩序」という定式は、よく知られているように、警察の定義として役立った。こうした国家の内部では、事実上、警察のみが存在し、もはや政治は存在しなかった。もっとも、宮廷の陰謀、競争関係、反政府党や不満足者の反乱の企て、つまり「妨害行為」を「政治」と呼ぶ場合は別である。もちろん、「政治」という言葉のこうした使用は同様に可能である。こうした使用が正しいか正しくないかを議論するのは、言葉をめぐる争いだろう。もっぱら注意を払うべきは、「政治」(Politik)と「警察」(Polizei)という二つの言葉が、「ポリス」(Polis)という同じギリシア語に由来する点である。大まかな意味での政治、高度な政治とは当時はもっぱら外政だった。つまり、主権国家自体が、自分が承認する他の主権国家自体に対し、この承認のレベルで外政を行い、相互の友好関係、敵対関係または中立性を決定した。

対内的に一致して和平を確立し、対外的に一致して主権者として他の主権者に向かい合う政治的統一というこのモデルでは、古典的なこととは何なのか。古典的なこととは、一義的で明確な区別の可能性である。対内的と対外的、戦争と平和、戦争中は軍事と民間、中立的か非中立的か、これらすべて［の区別］は認識可能なまでに分離され、意図的には抹消されない。戦争中でも、すべての者は、双方の側で明確な地位をもっている。国家間の国際法上の戦争では、敵もまた主権国家として同じレベルで承認されている。この国家間の国際法では、国家としての承認は、何かの内容をもつ以上、すでに戦争への権利の承認を含んでおり、したがって正しい敵としての承認を含んでいる。敵も地位を持っており、何ら犯罪者ではない。戦争は限定され、国際法上の枠づけで囲われうる。この結果、戦争も、通常は特赦条項を含んだ講和条約締結で終えることができる。こうして初めて、戦争と平和の明確な区別が可能となり、こうして初めて、フェアで明白な中立性が可能となる。

戦争の枠づけとその明確な限定は敵対関係の相対化を含んでいる。こうした相対化こそ人道性の意味における大きな進歩である。もちろん、進歩をもたらすのは容易でない。というのも、自分の敵を犯罪者と見なさないのは、人間にとり困難だからである。いずれにせよ、国家間の陸上戦争を対象とするヨーロッパ国際法は、［戦争の限定への］稀な一歩に成功した。自国の歴史上に植民地戦争と内戦しか知らない他の諸国民が、この一歩にいかに成功するか、その結果を待たなければならない。ヨーロッパ国際法の限定された戦争を反動的で犯罪的だと軽蔑し、その代わりに、敵と犯罪者を区別できず、区別しようとしない革命的な階級間の敵対関係や人種間の敵対関係を、「正しい戦争」の名称で解き放つのは、いかなる場合も人道性の意味における進歩ではない。

国家と主権は、戦争と敵対関係を国際法上限定するという従来達成された試みの基礎である。実際には、ヨーロッパ国際法の規則にしたがい正しく遂行された戦争は、現代の権力者が演出する見世物裁判、政治的敵を道徳的にも物理的にも絶滅する見世物裁判に比べれば、法と相互性の感覚をより多く含んでいるし、法的手続きやかつて言われた「法的行為」もより多く含んでいる。古典的区別やこれに基づく国家間戦争の枠づけを取り壊す者は、自分が何をしているか、知らなければならない。レーニンや毛沢東のような職業革命家は、自分が何をしているかを知っていた。[*I] 多くの職業法学者は、自分が何をしているかを知らない。彼らは、限定された戦争という伝来の古典的概念が、いかに革命戦争の武器として利用されるか、純粋に道具として拘束もなく相互性への義務付けもなく使用されるか、決して気づかないのだ。

これが現在の状況である。形式と無形式、戦争と平和の間のこのように混乱した中間的状況は、不愉快だが拒否できない問い、真の挑戦を含んだ問いを投げかける。ドイツ語の「挑戦」(Herausforderung)は、ここでは、英語の「挑戦」(Challenge)の意味も[ドイツ語の]「挑発」(Provokation)の意味も表現している。

回答の試み

『政治的なものの概念』という著作は、新たな問いに対応するとともに、挑戦も挑発も過小評価しない試みである。講演「フーゴー・プロイス」（一九三〇年）や『憲法の番人』（一九三一年）、『合法性と正統性』（一九三二年）という著作が新たな国内の憲法上の問題群を探求するのに対し、今や国家理論上の主題は、国家間の国際法上の主題と交わる。当時のドイツではまだ全く知られていなかった多元主義的国家理論が話題になるだけでなく、ジュネーヴ国際連盟も話題とされる。この著作は中間的状況の挑戦に答えている。著作自身から発する挑戦は、第一に憲法専門家と国際法学者に向けられている。

最初の命題はすぐにこう述べている。「国家の概念は政治的なものの概念を前提とする。」誰が、このように抽象的に定式化されたテーゼを理解できるだろうか。一目見て不透明なこの抽象性で説明を始めるのは意味があるのか、私には今日でも疑わしい。というのも、すでに最初の命題が公刊物の運命を決定することはよくあるからである。にもかかわらず、ほとんど密教的なまでに概念的な言明は、まさにこの箇所では不適当でない。この言明は、その挑発的なテーゼの性格により、どんな受取人に第一に向けられているのかを表現している。すなわちヨーロッパ公法に精通する者、その歴史と現在の問題群に精通する者に向けられている。後記一般は、こうした受取人に関連して初めて意味をもつ。というのも、後記は、「途方もない問題を枠づける」意図も、説明の厳密に教育的な性格も強調しているからである。

本来の受取人のこの専門領域の内部で著作が及ぼした影響を報告するには、政治的なものの概念の始まりを前進させ、枠づけを埋めようとするその後の公刊物を考慮に入れなければならないだろう。こうした公刊物には、『差別的戦争概念への転換』という研究(一九三八年)や『大地のノモス』という書(一九五〇年)が含まれる。こうした報告には、政治的犯罪と政治的庇護、政治的行為と政治問題の司法形式的決定の司法適合性に関する見解の発展も含めなければならないだろう。それどころか、裁判プロセス一般の根本問題、すなわち裁判手続きは、すでに手続き自身により、どれほど素材と対象を変化させ、別の集合体の状態へと転換させるかに関する研究をも考慮に入れなければならないだろう。これらすべては、序文の枠組みをはるかに超え出るから、ここでは課題として示唆できるだけである。世界の経済的・技術的統一にとどまらない世界の政治的統一の問題も、この課題に含まれるだろう。にもかかわらず、ここでは、数多くの発言の中から、私の思想と批判的・拒絶的に対決しながら、なお主題を客観的に直視している二つの国際法論文を挙げておきたい。ハンス・ヴェーベルク教授（ジュネーヴ）が雑誌『平和の監視所』で一九四一年と一九五一年に公刊した二つの態度表明である〔文献一覧、参照〕。

『政治的なものの概念』という著作は、具体的概念のあらゆる法学的論議と同様、歴史的素材を扱うから、同時に歴史家に向けられており、何よりもまずヨーロッパの国家中心の時代、中世のフェーデ制度から主権的地域国家へ移行し、国家と社会を区別した時代に精通する者に向けられている。この文脈で、偉大な歴史家の名前を挙げなければならない。オットー・ブルンナーは、その画期的著作『ラントと支配』（初版、一九三九年）で、政治的なものに関する私の基準の重要な歴史的証明を行った。彼は、小著を「終着点」として、すなわち国家理性論の発展の終着点として記録するだけだとしても、小著に注意を払っている。同時に彼は、小著が味方でなく、敵を本来の積極的な概念指標として立てているという批判的な異議を唱えている。

「終着点」という特徴づけにより、本書は帝国主義時代へと関係づけられ、その著者はマックス・ヴェーバーの模倣者として分類される。私の概念が、典型的に帝国主義的な国法・国際法論の概念に対していかなる関係に立つかは、この時期の典型的産物に関する三三頁[本書で三二頁]の注(9)から、充分に明らかになる。敵概念の優位と称する非難は、一般に普及しており、紋切り型である。この非難は、あらゆる法概念の運動が、弁証法的必然性により否定から生じることを見誤っている。法生活でも法理論でも、否定を考慮に入れるのは、否定されたものの「優位」とは全く別物である。法的行為としての訴訟は、一般に、法が否定される場合に初めて思考可能になる。刑罰と刑事法は、行為でなく、非行を出発点に据える。これは、果たして非行の「積極的」捉え方であり、犯罪の「優位」なのだろうか。

これとは別に、歴史をもっぱら過ぎ去った過去とは見なさない歴史家は、政治的なものの我々の論議に含まれる現在の具体的な挑戦、すなわち古典的法概念と革命的法概念の間の混乱した中間的状況に注意を払い、この挑戦に対する我々の回答の意味を誤解することはないだろう。一九三九年に始まる戦争と敵の発展は、一層強烈な新たな種類の戦争へ、全く混乱した平和概念へ、現代のパルチザン戦争と革命戦争へとつながった。人間の間に敵対関係が存在するという現実を、学問的意識から排除するならば、これらすべてをいかに理論的に把握できるのだろうか。我々は、こうした問いの議論をここで深めることはできない。我々がその回答を探している挑戦は、この間に消え去ったのでなく、その力と強烈さを思いがけず一層増したということをただ想い起こされたい。それ以外にも、第二に付加された一九三八年の補遺は、戦争概念と敵概念の関係に関する概観を提供してくれる〔2〕。

法学者や歴史家だけでなく、重要な神学者と哲学者もまた、政治的なものの概念と取り組んだ。ある程度完全な全体像を伝えるためには、ここでも同様に、特別な批判的報告が必要だろう。もっとも、この領域では、相互理解の新たな並外れた困難さが現れるから、共通する問題群を納得できるように枠づけるのはほぼ不可能になる。国家の時代の初めに、ある国際法学者〔イタリア法学者ゲンティリス〕が新旧両宗派の神学者に呼びかけた言葉「神学者よ、〔他の専門領域では〕沈黙せよ！」*II は、相変わらず作用し続けている。我々の精神科学上の研究・教育制度の分業と細分化は、共通の言語を混乱させたので、まさに味方と敵のような概念では、分離協議がほぼ避けられなくなる。

国家の時代の初めに「沈黙せよ！」と語った[法学者の]誇り高い自己意識は、国家の時代の終わりの法学者から大きく失われた。多くの法学者は、今日、道徳神学的な自然法あるいは価値哲学的な一般条項にさえ、自分を支えて価値を引き上げる支柱を探し求めている。一九世紀の実定法主義ではもはや満足できず、古典的合法性概念の革命家による濫用はよく知られている。公法学者は、一方で神学や哲学に対し、他方で社会的・技術的調整に対し、防御的な中間的立場に置かれており、その地位の本来攻撃不能な性格は消え去り、その定義の有益な内容は脅かされている。こうした混乱した状況は、すでにそれだけで、長年入手できなくなっていた著作『政治的なものの概念』の新版を正当化するだろう。その結果、本物の記録を誤った神話化から救い出し、真の言明をその本来の有益な用途に使用できるだろう。

本物の字句からなる言明に正当な関心を抱くのは、学問以外の領域にも、すなわち時事的ジャーナリズムや公共のマスメディアにもはるかに一層当てはまる。この領域では、万事は時事政治的な闘争や消費の身近な目的に適合させられる。ここでは、学問的枠づけに努める努力など全く馬鹿げたものになる。この環境の中では、概念領域の最初の注意深い画定作業から、幼稚なスローガンが作り出される。伝聞からしか知られておらず、反対派の責任に帰せられるいわゆる「敵・味方の理論」である。ここでは、著者は、完全なテクストを可能なかぎり安全な場所に移す以上のことをなしえない。それ以外にも、著者は、自分の公刊物の影響作用と結果がもはや自分の手の届く範囲にはないと知らなければならない。とりわけ小著は自分自身の道を歩む。小著で著者が本来行ったことを「他日が初めて語る[3]」。

回答の前進

末期的状況は長く続いており、その挑戦はいずれも克服されていない。古典的概念の公式の使用と世界革命の目標や方法が効果的な現実の間の矛盾は先鋭化するばかりである。こうした挑戦に対する省察は止めてはならないし、回答する試みは前進しなければならない。

これはいかにして起こりうるのか。体系の時代は過ぎ去っている。三〇〇年前に、ヨーロッパの国家中心の時代が大いに発展を遂げた時、輝かしい思想体系が成立した。今日、このように構築することはもはやできない。今日、歴史的に回顧し、ヨーロッパ公法の偉大な時代とその概念である国家・戦争・正しい敵を体系性の意識の中で省察することのみが可能である。私は、私の著書『大地のノモス』(一九五〇年)で、この歴史的回顧を試みた。

これに対する別の可能性はアフォリズム(警句)への飛躍だろう。法学者としての私には、この飛躍は不可能である。体系とアフォリズムの間のディレンマで、一つだけ逃げ道がある。現象に目をとめて、絶えず新たな騒がしい状況が絶えず新たに投げかける問いを、その基準に照らしてテストする道である。こうした仕方で認識が次々に増大し、一連の補遺が成立する。すでに多くの補遺が存在するが、一九三二年の著作の新版に多くの補遺を背負わせるのは実用的ではないだろう。概念領域の関係に関する概観を伝えてくれる全く特殊なカテゴリーの補遺のみが、ここでは考慮される。これらの補遺は、様々な概念が概念領域内の位置付けにより相互に情報提供する概念領域を要約する。こうした概観は、特に著作の教育目的に役立つだろう。

新たに印刷される一九三二年のテクストは、あらゆる欠陥を備えた記録として、変更することなく提示しなければならなかった。実質上の主要な欠陥は、様々な種類の敵——在来的敵・現実的敵・絶対的敵——が、充分明確かつ正確に分離されて区別されていない点にある。私にこの欠落部分を指摘してくれたのは、ストラスブール大学のフランス人、ジュリアン・フロイントとコロンビア大学（ニューヨーク）のアメリカ人、ジョージ・シュワーブのおかげである。[4] 問題の討論は抗しがたく続行され、意識における真の進歩を成し遂げる。というのも、時代に適合した新たな種類と方法の戦争によって、敵対関係の現象を考え直さざるをえないからである。この新版と同時に公刊される独立した著作『パルチザンの理論』で私は、特に時事的で先鋭的な事例［パルチザン戦争］を基にこれを示した。同様に強烈な第二の事例を提供するのは、いわゆる冷戦である。

パルチザン戦争は、最初に一九三二年［正しくは一九三七年］以来の日中戦争で、次に第二次世界大戦で、最後に一九四五年以後インドシナと他の諸国で発展したが、今日のパルチザン戦争では、二つの対立する出来事、二つの全く異なる種類の戦争と敵対関係が結びついている。一つは、一国の住民が外国の侵入に対して行う土着的で本質的に防御的な抵抗であり、もう一つは、利害関係ある第三者の世界革命的勢力によるこの抵抗の支持と操作である。古典的戦争遂行から見れば、「非正規兵」という脇役にすぎなかったパルチザンが、この間に、世界革命的戦争遂行の中心的人物ではないとしても、重要人物になっている。プロイセン・ドイツ軍がパルチザンを打ち負かせると望んだ次の古典的格率をただ想い起こしてほしい。正規部隊が敵と闘い、警察が落後兵を片付ける。〔…〕

別の現代的種類の今日の戦争、いわゆる冷戦でも、戦争を限定し枠づける伝来の体系を従来支えてきたすべての概念軸が壊れている。冷戦は、戦争と平和と中立、政治と経済、軍事と民間、戦闘員と非戦闘員というあらゆる古典的区別を嘲笑しているが、味方と敵の区別だけはそうでなく、味方と敵の区別の首尾一貫性こそ冷戦の起源と本質をなしている。

古い英語である悪魔的敵(foe)が四〇〇年間の太古の眠りから目覚め、二〇年前から世俗的敵(enemy)と並んで再び使用されているのも何ら不思議ではない。核兵器の絶滅手段を生み出すと同時に戦争と平和の区別を消し去った時代において、味方と敵の区別に関する省察を止めるのがいかに可能なのだろうか。もちろん、大きな問題は戦争の限定だが、戦争の限定は、双方の側で敵対関係の相対化と結びつかないかぎり、皮肉な遊戯、犬の喧嘩(dog fight)の開催か、[*III] それとも空虚な自己欺瞞になってしまう。

小著の新版への序文には、こうした問題を余すことなく論じ尽くし、三〇年前に遡るテクストの明らかに不完全な性格を補足する意味を望むことはできない。また、新たに書くべき本に代えることもできない。こうした序文は、この著作への持続的関心を説明し、その新版を促した要因を若干示唆することで満足しなければならない。

一九六三年三月

カール・シュミット

訳注

［1］序文冒頭には、O・ブルンナーの書『ラントと支配』からの次の題辞が掲げられている。

「アリストテレスは、何人かの賢人の言葉と意見を伝え、自分も彼らに賛成しているが、それによれば、友好と戦争は建設と破壊の原因なのである」『ツィリー年代記』七二頁（オットー・ブルンナー『ラントと支配』（一九三九年）において、「政治とフェーデ制度」の節の冒頭に題辞として掲げられている）。

ツィリー(Cilli)は、神聖ローマ帝国東南部の伯領。『ツィリー(Cilli)年代記』は、中世後期の伯領・伯家の歴史を叙述した年代記である。題辞の邦訳と合わせて、田口正樹氏の教示による。

[2] 一九六三年版には三つの補遺が収められており、この中の補遺二(本書に収録)を指す。補遺一「国家の内政的中立性の概念の様々な意味と機能に関する概観」は『憲法の番人』(一九三一年)からの抜粋、補遺三「国際法上の国家に関連しない可能性と要素に関する概観」は『大地のノモス』(一九五〇年)からの抜粋であり、本書では割愛した。

[3] ゲーテの詩「イルメナウ」(一七八三年)からの引用。

[4] J・フロイントは、『政治の本質』(一九六五年)で、外交上の「仮想的敵」、戦争相手の「現実的敵」、イデオロギー上の「絶対的敵」という三種類の政治的敵を区別する。G・シュワーブは、「二つの敵概念」(一九六八年)や『例外の挑戦』(一九七〇年)で、中世以来悪魔と同盟を結んだ絶対的敵を foe と呼び、国際秩序の枠内で対立する主権的・世俗的敵を enemy と呼んで、両者を区別する(BPSD 47 Anmerkung a, 48 Anmerkung a)。邦訳『例外の挑戦』(みすず書房)七九頁以下、二二九頁以下、参照。

補遺二「戦争概念と敵概念の関係」（一九三八年）[1]

1　敵は、今日、戦争との関係では第一義的概念である。ただし、これは、［中世騎士の］武芸競技、官房戦争、決闘やこれに類似した単に「アゴーン的」な種類の戦争には当てはまらない。アゴーン的闘争は、状態の観念よりもむしろ行為の観念を思わせる。今、「行為としての戦争」と「状態としての戦争」という一見して避けがたい古い区別を使用するならば、行為としての戦争では、戦闘や軍事作戦において、すなわち行為そのもの、「敵対行為」において、敵対者である敵は、（相手として）直接に現にあり、目に見える形で与えられているから、敵をさらに前提とする必要がない。状態としての戦争では異なっている。ここでは、直接の差し迫った敵対行為、闘争行為が止んだとしても、敵は存在する。戦争は持続するが、戦闘は止む［アウルス・ゲリウス『アッティカ夜話』より］。ここでは、敵対関係は明らかに戦争状態の前提をなしている。「戦争」の観念全体では、一方の行為としての戦争が優位することもあるし、他方の状態としての戦争が優位することもある。しかし、どんな戦争も、絶えず行為なき「状態」であり続けることはできないのと同様に、すっかり単なる直接の行為に解消することもできない。

いわゆる全面戦争は、現実に全面的であろうとすれば、行為としても状態としても全面的でなければならない。そこで、全面戦争は、概念的に先行する敵対関係を前提とすれば意味がある。したがって、全面戦争は、もっぱら敵対関係から理解し、定義することができる。この全面的意味での戦争は、すべて（行為でも状態でも）敵対関係から生じることである。敵対関係が戦争から初めて、あるいは全面戦争から初めて生じたり、ましてや全面戦争の随伴現象に格下げされたりするのは、意味がないだろう。よく繰り返される言い方では、ヨーロッパ諸国民は、一九一四年夏に「よろめきながら戦争に入った」と言われる。現実には、諸国民は次第に全面戦争へと滑り込んだ。しかも、大陸における戦闘員間の軍事的戦争と英国における海上封鎖的で経済的な非軍事的戦争とが（報復措置により）相互に増幅し合い、全面戦争へと高まるという仕方で滑り込んだ。つまり、ここでは、全面戦争が、先行する全面的敵対関係から生じたのではなく、全面的敵対関係が、次第に全面的になる戦争から成長した。こうした戦争の終了は、必然的に国際法の意味での「条約」でも「講和」でもなければ、「講和条約」でもなく、敗者に対する勝者の弾劾判決だった。敗者は敗者であればあるほど、それだけ後になって敵の烙印を押されるのだ。

2　ジュネーヴ戦後政治の規約体系では、攻撃者が敵と定められる。攻撃者と攻撃は、構成要件にしたがい定められる。宣戦布告する者、国境侵犯する者、一定の手続きと期限を守らない者等が、攻撃者で平和の違反者である。国際法上の概念形成は、ここでは目に見えて犯罪学的で刑法的になる。攻撃者は、現代刑法では、犯罪者、「行為者」に当たるが、本来ならば「行為者」でなく、「非行者」と呼ばなければならないだろう。というのは、彼が犯したと称される行為は、実際には非行だからである(1)。ジュネーヴ戦後政治の法学者は、こうした攻撃と攻撃者の犯罪化と構成要件化を、国際法の法的進歩だと見なした。しかし、「攻撃者」を定義し、「攻撃」の構成要件を精密化するすべての努力の深い意味とは、敵を構成することを通じ、さもなければ意味のない戦争に意味を与える点にある。戦争が自動的で機械的になればなるほど、こうした定義もそれだけ自動的で機械的になる。真の戦闘員間戦争の時代には、自分が脅かされ、侮辱されたと感じる理由があるならば、宣戦布告するのは、恥でも政治的愚かさでもなく、名誉の事柄でありえた(例えば、一八五九年[四月二八日]オーストリア皇帝フランツ・ヨゼフによるフランスとイタリアへの宣戦布告)。今やジュネーヴの戦後国際法では、敵は犯罪者だとされるから、宣戦布告は犯罪の構成要件になるという。

3 味方と敵は、言語と言語系統が異なるに応じて、言語的・論理的に異なる構造をもっている。(他の多くの言語と同様に)ドイツ語の意味で「味方」とは、本来は氏族仲間にすぎない。つまり味方とは、本来は近親者、血縁者にすぎず、言い換えれば婚姻・誓約・養子縁組または相応の制度により「親族にされた者」にすぎない。おそらく、敬虔主義や類似の運動が「神の友」を通じて「心の友」を見出した時に初めて、一九世紀に典型的な味方概念の私事化と心理化が現れて、今日もなお広がっているのだろう。これにより、友好関係は私的な共感感情の事柄となり、最終的にモーパッサン的雰囲気の中でエロティックな色彩を帯びた。

ドイツ語の「敵」は、語源的にそれほど明確には定められない。グリム『ドイツ語辞典』によれば、その本来の語源は「まだ明らかでない」。パウル、ハイネ、ヴァイガントの各辞典によれば、それは、(fijan「憎む」との関連で)「憎む者」を意味する。

私は言語研究者との争いに立ち入るつもりはないが、敵は、元々の言語上の意味で、フェーデがなされる相手を意味する点にこだわりたいと思う。フェーデと敵対関係は、最初から一体をなしている。カール・フォン・アミラによれば（『ゲルマン法綱要』第三版、一九一三年、二三八頁）、フェーデとは、「さしあたり死ぬほどの敵対関係にさらされた者の状態」を意味する。フェーデの様々な仕方と形式が発展するにしたがい、敵、すなわちフェーデ敵対者も変化する。騎士のフェーデと騎士以外のフェーデの間の中世的区別（クラウディウス・フライヘル・フォン・シュヴェーリン『ドイツ法史要綱』一九三四年、一九五頁）は、これを最も明確に示す。騎士のフェーデは確たる形式につながり、したがってフェーデ敵対者のアゴーン的理解につながる。

他の言語では、敵は、言語上否定的な意味で、味方でない者と定められる。したがって、ローマ帝国内部の、「ローマの平和」と呼ばれる普遍的平和状態の中で、公敵(hostis)の概念が色あせて、または内政上の事柄になってしまって以来、ロマン語ではそうである。［ラテン語・フランス語・イタリア語の］*amicus-inimicus, ami-ennemi, amico-nemico* 等。スラヴ語でも同様に、敵は味方でない者である。*prijatelj-neprijatelj* 等。[2] 英語では、*enemy* という語が、*foe* というゲルマン語（元々は死ぬほどの闘争における敵対者のみを、次いであらゆる敵を意味した)に取って代わった。

4　戦争と敵対関係が、確実に規定できて単純に確定できる出来事や現象である場合、戦争でないものはすべて自ずと平和と呼ばれ、敵でない者はすべて自ずと味方と呼ばれる。逆に平和と友好関係が自明であり、通常は所与である場合、平和でないものはすべて戦争となり、友好関係でないものはすべて敵対関係となりうる。前者の場合では平和が、後者の場合では戦争が、特定の所与からその否定として定められる。同じ理由から、前者の場合では味方が敵でない者と、後者の場合では敵が味方でない者と定められる。例えば「友好国に対する敵対的行為」という刑法の見解(ドイツ国刑法典第二編・第四章、一〇二―一〇四条)は、敵でない者という意味の味方から生じた。これによれば、自国が交戦状態にない国家はすべて友好的である。したがって、ベネシュ大統領の下のチェコスロヴァキア国は、一九三八年五月と九月[ズデーテン危機とミュンヘン協定の時期]、ドイツ国との友好国だったそうだ!

この問題設定(どんな概念が、他の概念を自分の否定として定められるように特定されて与えられるか)は、すでに次の理由から必然的である。というのも、ある行為が戦争か否かに関する従来の国際法上の論議はすべて、戦争か平和かの二者択一が完全に排他的であること、すなわち（戦争か平和かという）両者の一方が存在しなければ、第三の可能性はなく、自ずと他方を想定できることを前提とするからである。戦争と平和の間に中間項は存在しない。[3] 例えば、一九三一―三二年、日本の対中国軍事行動［満州事変］に関して、（戦争をまだ意味しない）軍事的報復措置を戦争から区切るため、つねにこの概念装置によって論議された。だが、この「中間項は存在しない」は、まさに状況の問題である。国際法上の問いは、次のように正しい仕方で立てなければならない。軍事的暴力措置、特に軍事的報復措置は平和と両立できるか否か、もし平和と両立できないならば、こうした理由から、軍事的報復措置は戦争なのか。これが、具体的秩序としての平和から始める問題設定だろう。この問題への最良の手がかりは、［イタリア法学者］アッリーゴ・カヴァリエーリの一九一五年論文に見出される。[4] そこで彼はこの件につき言う。軍事的暴力措置は平和状態と両立できない、すなわち戦争である。彼の思考過程で興味深いのは、平和を具体的で一体的な秩序として捉え、より強力で標準的な概念として理解する見解である。他の大抵の論議は、問題設定においてそれほど明確でなく、疑似実証主義的な概念的二者択一という空虚な大騒ぎに終わっている。

平和が存在しないから戦争を想定するのか、戦争が存在しないから平和を想定するのか、この二つの場合では、本当に第三の中間の可能性は存在しないのか、「中間項は存在しない」のか、前もって問わなければならないだろう。もちろん、これは異常事態だろうが、まさに異常な状況も存在する。実際に今日では、戦争と平和の間のこうした異常な中間的状況が存在する。両者が混合するこうした状況には、三つの原因がある。第一にパリの講和命令［ヴェルサイユ講和条約］である。第二にケロッグ条約と国際連盟を伴う戦後の戦争防止体制である。(5) 第三に非軍事的(経済的・宣伝的等)な敵対活動への戦争観念の拡大である。あの講和命令は、平和から「他の手段を以てする戦争の継続」を創り出そうとした。それは、敵概念を拡張した結果、戦闘員と非戦闘員の区別ばかりか、戦争と平和の区別すら廃棄してしまった。それは、同時に、はっきり定められず、意図的に留保された、戦争と平和の間のこの中間的状況を、［国際連盟］規約により合法化し、正常で最終的な平和の現状だと法的に見せかけようとした。平和の典型的な法的論理、すなわち真に平和な状況で法律家が前提とすることができ、前提としなければならない典型的な法的推定が、この異常な中間的状況に接ぎ木された。さしあたり、これは戦勝国にとり有利だと思われた。というのも、戦勝国は、しばらくは両手で勝負することができ、戦争を想定しても、平和を想定しても、いずれにせよ、ジュネーヴの合法性を自分の味方に付け、規約違反・攻撃・制裁等の概念を、敵対者の背中に突き刺したからである。戦争と平和の間のこうした中間的状態では、一方の概念による他方の概念の規定、平和による戦争の規定、戦争による平和の規定が通常ならばもつはずの理性的意味はなくなってしまう。宣戦布告は、宣戦布告する者を自ずと不正扱いするから、危険になるだけでない。軍事行動と非軍事行動を「平和的」または「好戦的」だと限定するどんな特徴づけも無意味になってしまう。というのも、非軍事行動が、最も効果的・最も直接的・最も強烈な仕方で敵対的行動になりうるし、逆に軍事行動が、友好的信条を厳粛かつ精力的に要求しながら起こりうるからである。

実際には、こうした中間的状況では、戦争と平和の二者択一がさらに重要になる。というのも、平和でないすべては戦争だと想定するにせよ、逆に、戦争でないすべては自ずと平和だと想定するにせよ、今や、すべては法的想定と擬制になるからだ。これはいわゆる「上下の端をもつステッキ」である。誰もが双方の側から議論し、ステッキをすぐに一方の端か他方の端で握ることができる。ここでは、戦争の定義を与えようとする試みはすべて、せいぜい、活動しようとする当事者が戦争を欲するならば戦争は存在するという、全く主観主義的で主意主義的な決断主義に帰着せざるをえない。最近公刊された、国際法の戦争概念に関する賞賛すべき優れた個別研究書は言う。「そこで、〔戦争概念の〕唯一信頼できる区別の指標としては抗争する当事者の意志のみが残される。当事者の意志が、強制措置を好戦的に展開しようと目指すならば、戦争が支配するが、他の場合は平和が支配する」(6)。残念ながら、この「他の場合は平和が支配する」は真実でない。この際、どちらの側であれ、ただ一つの国家の意志が、戦争概念を充たすには充分だという(7)。確かに、こうした決断主義は状況に対応している。この決断主義は、例えば、次の点に対応して表れる。国際法上の紛争の政治的性格は、抗争する者の意志により、もっぱら純粋に決断主義的に定められ、ここでも、意志が「政治的なものの直接の基準」になる(8)。

しかし、これは、戦争と平和の関係への我々の問いにとり、何を意味するのか。それは、敵対関係、敵対的意志が第一義的概念になっていることを示す。これは、戦争と平和の間の現在の中間的状況では、先ほどの戦争概念の「主観的理論」や「意志理論」とは全く異なる射程範囲をもっている。いつの時代にも、「中途半端で」「部分的で」「不完全で」「限定されて」「偽装された」戦争は存在した。そのかぎりで、日本人の軍事行動に対しリットン調査団報告書〔一九三二年一〇月〕が使用した「偽装された戦争」という表現は、それ自体で何ら新しいものでないだろう。新しいものは、法的に仕上げられ、ケロッグ条約と国際連盟により制度化された戦争と平和の間の中間的状況である。これは、非平和から戦争を推論しようが、非戦争から平和を推論しようが、あの否定的確認すべてを今日では不正確にしてしまう。

平和主義者ハンス・ヴェーベルクは、一九三二年一月に満州事変に関し、戦争でないものは、国際法の法的意味では平和だと言った。これは、当時実際には、次のことを意味した。日本人の中国での軍事行動は戦争ではなかった。つまり日本人は、ジュネーヴ国際連盟規約〔前文、一二・一三条、一五―一七条〕の意味で「戦争へ訴える」ことがなく、（一九三五年秋にイタリアに対し発動されたような）国際連盟の制裁の前提は生じなかった。ヴェーベルクは、自分の見解と定式を後に変更したが、(9) こうした否定的規定の概念関係がもつ本来の論理を今日まで認識しなかった。戦争概念一般の「主観的」理論や「客観的」理論が重要なのでなく、戦争と平和の間の特殊な中間的状況の問題が重要なのだ。ジュネーヴ流の平和主義にとり典型的なのは、平和から法的擬制を作り出している点である。平和とは戦争でないすべてだが、この際、戦争とは、もっぱら戦争する意志をもつ旧式の軍事的戦争だとされる。何とみじめな平和よ！　非軍事的な、例えば経済的な強制力・影響力で自分の意志を押し通し、敵対者の意志を挫くことができる者にとり、旧式の軍事的戦争を回避するのは子供の遊戯にも等しい。軍事行動をとる者は、自分には戦争する意志がないとただ精力的に主張しさえすればよい。

5　いわゆる全面戦争は、戦闘員と非戦闘員の間の区別を廃棄し、軍事的戦争と並んで、非軍事的戦争（経済戦争、宣伝戦争等）も敵対関係の現れだと知っている。しかし、ここでは、戦闘員と非戦闘員の間の区別の廃棄は、（ヘーゲルの意味で）弁証法的廃棄である。したがって、これは、以前は非戦闘員だった者が、今やそのまま旧式の戦闘員に転換することを意味しない。むしろ双方の側が変化し、戦争が全く新たな高度な水準で、もはや純粋軍事的ではない敵対活動として続行される。ここで全体化とは、非軍事的な専門領域（経済、宣伝、非戦闘員の心理的・道徳的活力）も敵対的対決へと引き込まれる点にある。純粋軍事的戦争を超える歩みは、量的な拡大ばかりか、質的な上昇ももたらす。したがって、この歩みは、敵対関係の緩和でなく、敵対関係の激化を意味する。その時、こうして強さが上昇する可能性とともに、味方と敵の概念も自ずと再び政治的になり、その政治的性格が全く薄れていた場合でも、私的・心理的決まり文句の領域から脱する。(10)

6　国際法上の意味の中立性の概念は、戦争概念の関数である。したがって、中立性は、戦争とともに変化する。実践的に見れば、中立性は、今日、四つの異なる状況を前提とする四つの異なる意味に区別できる。

（a）中立国と交戦国の間で力が均衡する場合　ここでは、「公平さ」と対等の態度からなる「古典的」中立性が意味をもち、可能であり、その公算が大きい。中立国は、あらゆる交戦国の味方(amicus)、公平な友好関係にとどまる。

（b）中立国に対し交戦国がはっきりと力で優位する場合　ここでは、中立性は、交戦国の間の暗黙の妥協になる。ある種の無人地帯、すなわち交戦国の力の均衡の基準に基づいて暗黙に協定される戦闘地域からの除外（一九一七・一八年の世界大戦）。

（c）交戦国に対し中立国がはっきりと力で優位する場合　ここでは、強力な中立国が、弱い交戦国に対して戦争遂行の活動範囲を指図できる。それは、最も純粋な場合、ジョン・フィッシャー・ウィリアムズ卿が国際法学に導入した「犬の喧嘩」の概

念だろう。[11]*Ⅳ

(d)完全な無関係性(大きく隔たっている場合か、充分に自足した孤立可能な強国の場合) ここでは、中立性は孤立ではなく、孤立(すなわち完全な隔絶と無関係性)は中立性とは異なると分かる。孤立する者は、交戦国の一方の敵でも味方でもあろうとしない。

(先に**4**で論じた)戦争と平和の間の中間的状況では、中立の権利義務を伴う中立性の事例が生じているかどうかという客観的決定は、戦争が平和でないものか、逆に平和が戦争でないものかに左右される。各国が自分で、純粋に決断主義的にこの決定を行うならば、なぜ交戦国のみが純粋に決断主義的に決定すべきか、中立国もそうできないのかを理解できない。中立義務の内容は、戦争内容が拡大するとともに拡大する。しかし、何が戦争で何が平和かをもはや区別できない場合、何が中立性かを言うのはさらに困難になる。

原注

（1）犯罪の「行為者類型」を見つける試みは、「非行者類型」という逆説につながるだろう。

（2）後で（一九三九年七月）、ベルリン大学同僚でインド学者のブレロア教授は、インド語の事例、特に „a-mithra“（敵に当たる味方でない者）という特徴的表現を私に教えてくれた。

（3）キケロ『ピリッピカ第八演説』［第四節］、フーゴー・グロティウス『戦争と平和の法』第三巻第二一章一条に引用。

（4）カヴァリエーリ「非戦闘状況下における強制措置に関する理論的批判の注釈」『国際法雑誌』第九巻（一九一五年）二三頁以下、三〇五頁以下。後にカヴァリエーリは、実務の圧力で自分の意見を変えた。カヴァリエーリ『国際法講義』第三版、一九三四年、五五五頁、『国際法国際協会講義集』（一九一九年Ｉ）五七六頁以下。我々の文脈にとり唯一決定的なのは、平和の強い概念から始める彼の問題設定である。

（5）「国際連盟規約とケロッグ条約の影響作用は、次の通りになりそうだと思われる。確かに、将来もはや戦争は遂行されないが、最大規模の軍事行動が「単なる敵対行為」だと自称する。これは進歩でなく退歩である」。ヨゼフ・Ｌ・クンツ『戦争法と中立法』一九三五年、八頁、注三七。特に、フライヘル・フォン・フライターク＝ローリングホーフェン『ドイツ法アカデミー雑誌』一九三八年三月一日、一四六頁。

（6）ゲオルク・カップス『国際法の戦争概念、軍事的報復措置との区別』ブレスラウ、一九三六年、五七頁。
(7) カップス、前掲、六五頁。
(8) オンノ・オンケン『国際法上の政治紛争――国家管轄権の限界への寄与』ベルリン、一九三六年。
(9)『平和の監視所』一九三二年一月号、一―一三頁、一九三八年三・四号、一四〇頁、参照。
(10) 処置する歯科医が、「あなたは英雄でない」と彼に言った時、W・ゲダン・ド・ルセル[フランス法学者でヴィシー政権の協力者]は、「あなたも私の敵でない」と反論した。
(11)『立場と概念』二五一頁[第三版では二八六頁]に掲載された論文「新たな、中立者に災いあれ!」参照。[ここで、「犬の喧嘩」は「許容された小戦争または周辺的意味の紛争」を指す。]

訳注

[1] 補遺二を最初に収録した『立場と概念』(一九四〇年)によれば、「この概観は、私の一九三七・三八年演習の基礎に置かれた。[……]論文全体は、『政治的なものの概念』を前進させる試みである」(PB 278)。

注記

以下の注記は、三〇年前に遡る新版テクストを読むのに役立つ個々の文献目録的メモと注解にすぎない。〔……〕一九五八年以来、多くの対決と態度表明が付け加わっている。これら資料全体は分量が大きいので、その批判的論議を単なる新版に収めることはできない。新版の意味と目的は、まさに、あり余るほどの反論が向けられてかき消されてしまったテクストに、少なくとも少しの間再び発言させる点にある。

1　政治的なものの概念（一九三二年版）

＊Ｉ〔一六頁〕　全体国家につき、『憲法論集』（一九五八年）三六六頁、注記三、さらに、ハンス・ブーホハイム『全体主義的支配――本質と指標』（ミュンヘン、ケーゼル、一九六二年）、参照。

『憲法論集』三六六頁、注記三は次の通りである。「近代の現象である全体主義の社会学的・イデオロギー的研究（ハンナ・アレント、タルモン、C・J・フリードリヒ、ブレジンスキ）では、概念の発展の弁証法的要素を見逃してはならない。全体的なものの概念が量的に考えられるばかりか、一定の強さの権力組織を含んでいるならば、全体主義の主体であり、担い手でありうるのは、国家でなく、つねに一政党のみである。その時、国家は、もはや歴史的時点で問題となる全体ではない。むしろ国家に対抗して、一政党が、つまり一部分が自覚的に新たな全体の担い手として現れて、国家を単なる量的全体へと押しやる。したがって、歴史の弁証法は、部分による全体の否定を中心に展開する。部分は、まさに全体の否定により、従来存在した全体以上のものであろうと要求する。この観点から言えば、今日、全体主義国家でなく、全体主義政党のみが存在する。」」

＊Ⅱ〔二一頁〕　この基準の自立性は、実用的で教育的な意味をもっている。つまり「政治的なものの」現象への道を開けてやり、この道を統制し、自分自身のビザのみを押し通す多くの先行するカテゴリー・区別・解釈・評価・想定・専有物から逃れるという意味をもっている。いずれにせよ、階級的敵であれ、人種的敵であれ、超時間的に永遠な敵であれ、絶対的敵と闘う者は、政治的なものの基準を得ようとする我々の努力には関心がない。逆に、レーニンがストルーヴェの「客観主義」を非難するように、絶対的敵と

闘う者は、政治的なものの基準を得る努力を、自分の生々しい闘争力を危険にさらし、省察により弱体化し、ハムレット化し、疑って相対化するものだと見なす（これにつき、『パルチザンの理論』の章「クラウゼヴィッツからレーニンへ」参照）。反対に、無害化して中立化する者は、敵を（紛争または遊戯の）単なる相手方に変え、明白な現実の認識を、戦争扇動、マキャヴェリズム、マニ教、そして今日では不可避的に、ニヒリズムだと非難する。伝統的な学部とその専門分野の停滞した選択肢では、味方と敵は、規範化または悪魔化されるか、それとも価値哲学的に価値と反価値の両極に移されるか、このいずれかである。分業原理にしたがい機能主義化した学問世界がつねに新たに細分化されて専門化する中では、味方と敵は、心理学的に仮面剥奪されるか、それとも――G・ジョーズが言うように、「数学的表現方法の途方もない適応力」の助けを借りて――計算可能で操作可能にするべき相手方の疑似的選択肢になる。レオ・シュトラウス（一九三二年）やヘルムート・クーン（一九三三年）のように、この著作の注意深い読者は、早くも出発前に立ち止まらないように、自由な道を切り開くことのみが我々にとって問題であり、「専門領域の自律性」やましてや「価値領域の自律性」とは別のことがここで問題なのだとすぐに気づいた。

＊Ⅲ［二六頁］　新約聖書では「敵」は、公敵（hostis）でなく、私敵（imicus）を意味するだけ

でなく、新約聖書では「愛する」も、情熱から愛する(amare, philein)でなく、尊敬から愛する(deligere, agapan)を意味する。私的愛情と公的憎悪を同じ人間に「無理強いする」のを「極端なこと」だと感じるヘルムート・クーンの注解につき、ヴェルナー・シェルゲン『現実の道徳問題』デュッセルドルフ、パトモス、一九五五年、二六〇―二六三頁、とアルバロ・ドルスの命題「憎悪は法律用語でない」参照。スピノザ『神学・政治論』第一六章でも、スピノザは、「憎悪でなく、法が国家の敵を決める」と言うことができただろう。

*Ⅳ[三五頁]　第三節の結論、特にこの命題「こうした戦争は、必然的に、とりわけ強烈で非人間的な戦争である。[……]」は、本書で前提される敵概念にとり決定的である。この命題は、ここで前提される敵概念が、敵の絶滅でなく、自己防御を、すなわち双方の力の比較と共通の限界の遵守を意味するとはっきり述べている。しかし、ここで非人間的だと明確に拒否されている絶対的敵概念も存在する。G・H・シュヴァーベの重要な論文(一九五九年)の定式を引用するならば、敵は、「[自分を]絶対者として無条件に承認すると同時に、自分の秩序へ個人を従属させる」よう要求するから、つまり一貫して[自分の]敵の消滅ばかりか、「公開で自分を告発する敵の自己消滅」すらも要求するから、絶対的なのである。G・H・シュヴァーベは、こうした個人の自己否定は「すで

に高度な文明の本質の中に」潜んでいると考えている（「現在批判の批判」『リスト協会報告』一九五九年二月一〇日）。

＊Ⅴ〔四八頁〕「主権者の外部にあるすべては敵である」という定式には、ルソーの国家構成とホッブズの国家構成の一致点が表れている。両者の一致点は、自分自身の内部で平和のみを知り、自分自身の外部でのみ敵を承認する政治的統一としての国家に関わっている。『社会契約論』第四巻第八章のその後に削除された結び〔ジュネーヴ草稿〕で、ルソーは内戦について言う。「彼らはすべて敵になる。代わる代わる迫害される者と迫害する者になる。各人は万人に対して万人は各人に対して」。ホッブズの人間は不寛容な者だが、人類の戦争は不寛容である」。これに関し、ラインハルト・コゼレック『批判と危機――市民的世界の病因論』（フライブルク／ミュンヘン、カール・アルバー、一九五九年）二二、一六一頁、注四八、は、この驚くべき表現は、宗教内戦とフランス革命の秘かなつながりを暗示していると述べている。

＊Ⅵ〔五四頁〕一九三二年のテクストは、当時の国際法の状況に対応している。〔ここでは、〕特に古典的な無差別的戦争概念と革命的正義の差別的戦争概念の間のはっきりした明確な区別が欠けている。この区別は、最初に一九三八年の書『差別的戦争概念への転換』で展開されている。一九三八年の補遺二（上記二二九頁）、『大地のノモス』（一九

五〇年)でのさらなる発展、そして『パルチザンの理論』(一九六三年)の章「国際法的状況への一瞥」も参照。

＊VII〔五八頁〕 レオ・シュトラウスは、一九三二年の書評、七四五頁で、「娯楽」という言葉を指し示す。これは正しい。ここでは、この言葉は全く不充分であり、当時の省察は未熟だったのを示す。今日ならば、(レオ・シュトラウスが正しく認識した)「真剣さ」に対抗する概念をより正確に表現するため、「遊戯」と言うだろう。これにより、「ポリス」という言葉に由来する「政治的」の三つの概念が明確にされる。これら概念は、当時のヨーロッパ国家の圧倒的な秩序形成力により特徴づけられて分化した。つまり、対外政治、国内政治、宮廷の遊戯や「小政治」としての礼儀作法である。これに関しては、私の著作『ハムレットまたはヘクバ——劇中への時代の侵入』(一九五六年)、特に「劇中の劇」の章と「シェークスピア劇の野蛮な性格に関する付論」参照。これらすべての説明では、「遊戯」はプレイと翻訳することができ、「相手役」の間の敵対関係を在来的種類の敵対関係として適用可能にするだろう。〔…〕

ゲーム理論の人間行動への適用を意味する「遊戯」の数学的理論は、これとは別である。「遊戯」の数学的理論は、ジョン・フォン・ノイマンとO・モルゲンシュテルンの書『ゲーム理論と経済行動』(プリンストン大学出版会、一九四七年〔初版、一九四四年」）で示された。ここでは、友好関係と敵対関係は簡単に清算され、両者ともになくなる。これは、チェスで、白と黒の対立が、友好関係や敵対関係とは何の関係もないのと同じである。しかし、私の不満足な言葉「娯楽」には、スポーツや余暇利用法への関係づけや「豊かな社会」の新たな現象も隠されている。当時まだ支配的だったドイツ労働哲学の雰囲気では、私はこれらを充分明確に意識していない。

＊Ⅷ［八七頁］「二項形式的区別の事例としての共同社会と利益社会の対立――こうした対立の構造と運命の考察」『ルイス・レガス＝イ＝ラカンブラ記念論文集』サンティアゴ・デ・コンポステーラ、一九六〇年、第一巻、一六五―一七六頁。共同社会と利益社会の対立の運命は、同時に、価値の思考が考えうるあらゆる対立へ及ぼす影響の有益な事例を含んでいる。価値における思考の論理――つねに反価値における思考の論理でもある――が実行されれば、これは、われわれの主題にとり、次のことを意味する。味方は「価値」として登録され、これに対し、敵は「反価値」として登録されて、敵の絶滅が肯定的価値だと思われる。「生きる価値のない生命の絶滅」という周知のモデルにしたがって。

＊Ⅸ［九五頁］　状況の厳しさ(res dura)という表現は、一九三一年に公刊された私の書『憲法の番人』を参照するよう指示している。『憲法の番人』の序文は、次の引用で終わ

っている。「状況の厳しさと体制の新しさによって、私はこうした考察をせざるをえない」。引用は、ヴェルギリウス『アエネイス』第一巻、五六三―五六四節、に由来し、次を意味する。「政治状況の厳しさと体制(すなわちワイマール憲法)の新しさによって、私はこうした考察をせざるをえない」。この間、私は、明確な表現の仕方でも、古典的な引用でも、偏向した過去の回顧を防ぐことができないことをかなり以前に経験した。

3　政治的なものの概念(一九六三年版)序文・補遺二

*I〔一一六頁〕　レーニンと毛の理論は、この文脈にとり重要なかぎりで、同時に公刊される論考『パルチザンの理論』で論議される。職業革命家は警察を再び政治に転換し、礼儀作法を単なる遊戯として軽蔑する。

*II〔一二一頁〕　法学者と神学者の分離につき、『大地のノモス』九二、一三一頁(アルベリクス・ゲンティリス)参照。この箇所や別の箇所(『獄中からの救い』七〇頁)で、私がアルベリクス・ゲンティリスの呼び声に特別な理解を示すとしても、これは、政治的なものの概念に関する討議を本質的に深めて促進した神学者の関与に感謝していないことを意味するわけでない。福音主義の側では、とりわけフリードリヒ・ゴーガル

テン、ゲオルク・ヴュンシュ、カトリック側では、P・フランシスクス・シュトラートマン正教授、P・エーリヒ・プルチュワラ（イエズス会）、ヴェルナー・シェルゲン、ヴェルナー・ヴェッカー。今日の神学者はもはや一六世紀の神学者でなく、法学者も同様である。

＊Ⅲ〔二二六頁〕　犬の喧嘩につき、補遺二、二四一、二五三頁〔補遺二の原注(11)と次の注記Ⅳ〕、参照。

＊Ⅳ〔二四二頁〕　私は、「犬の喧嘩」という言葉を、一九三六年アビシニア〔エチオピア〕紛争における国際連盟の対イタリア制裁に関するジョン・フィッシャー・ウィリアムズ卿の論文（『英国国際法年報』第一七巻、一四八―一四九頁）から借用する。これによれば、「将来の世代は、おそらく中立者の権利よりも義務を大いに強調するだろう。しかし、倫理的に考えるあらゆる人間にとり、行動によってでなくても、思考において態度決定しないことが不可能となる戦争がやって来るかもしれない。単なる犬の喧嘩でなく、道徳的に全力で遂行される世界大戦では、中立性は、尊重すべきだとしても、それほど充分には尊重されないだろう。ダンテは、神と悪魔の大闘争で中立的にとどまる天使を特別な軽蔑と刑罰に委ねた。というのも、彼らは、権利のために戦う義務を傷つけて、犯罪を犯したばかりか、自分自身の最も真実の利害を見誤ったからでもある」。英国の有

名な国際連盟法学者は言う。「そこで、こうした闘争に中立的な者には、ダンテばかりか、マキャヴェリも同意するような運命が見舞うだろう」。

訳者解説

序

本書は、敵・味方理論で知られるカール・シュミット（一八八八―一九八五年）の代表的著作である。政治的なものの基準が味方と敵の区別にあるというシュミットの理論は、政治学・国法学の専門領域を超えて、現代思想にまで広く深い影響作用を及ぼしてきた。

著者シュミットは、一九三三年四月から一九三六年にかけてナチス政権に公的に協力したドイツの御用法学者、すなわち「第三帝国の桂冠法学者」として知られ、戦後も長らく毀誉褒貶の的になってきた。だが、最近十数年間に、彼の遺稿の中から日記帳五冊、多くの書簡集、詳細な伝記が公刊されて、秘密のベールに覆われてきたシュミットの生涯と著作が解明され始めている（文献一覧、参照）。その結果、彼の代表的著作『政治的なものの概念』には戦前だけで三つの版が存在するという複雑な事情の経緯も、漸く明らかになろうとしている。つまり、『政治的なものの概念』は、一九二七年九月に『社会科学・社会政策雑誌』に論文で公表され、一九三一年一一月に冊子として公刊された後(一九三二年版)、わずか一年半後の一九三三年七月に新たに書き換えられた改訂版が出された。戦後の一九六三年七月には、一九三二年版をテクストとする新版が再刊されたが、新版の序文は、一九三三年版には何ら言及していない。そこには、一九三〇年代初めのワイマール期ドイツの政治危機、一九三三年三月の授権法制定とその後の画一化の急激な進行、一九四五年五月のナチス・ドイツの無条件降伏という巨大な世界史的出来事が反映しているのを、読者は容易に想像することができよう。

本書は、一九三二年版と一九三三年版のテクスト、そして一九六三年版の序文・補遺二・注記(抜粋)を邦訳するとともに、各々の加筆訂正部分を一目で見えるように可視化する日本で最初の試みである。一九三二年版の加筆訂正部分を見れば、最初の一九二七年版がどんな内容だったかを推定できる。本書の読者は、各時期の間の歴史的断絶を追体験しつつ、『政治的なものの概念』各版を読み直すことができるだろう。この間にドイツでも、先の三つの版を比較対照させた二〇一八年版が公刊され、本書の準備作業を大いに助けてくれた。

以下の解説では、まずシュミットの略歴を紹介し、続いて本書の執筆背景、各版の相違

1927年版（『社会科学・社会政策雑誌』表紙）

1932年版

1933年版

1963年版

『政治的なものの概念』各版の表紙（BPSD 314–317）

とその理由、本書の基本概念と影響作用を順に見ていきたい。

1 シュミットの生涯・経歴

カール・シュミットは、一八八八年にドイツ中西部にあるザウアーラントの町プレッテンベルクで少数派カトリック教徒の子として生まれた。一一歳からアテンドルンのカトリック系ギムナジウムで八年間寄宿制の教育を受けた後、一九〇七年からベルリン大学、ミュンヘン大学、シュトラスブルク大学で法学を学び、一九一〇年六月に博士号を取得した。同年夏からデュッセルドルフの上級地方裁判所で試補見習いとして勤務しつつ、法・国家・個人の関係を法哲学的に探究した『国家の価値と個人の意義』(一九一四年初め)で教授資格を得て、一九一六年にシュトラスブルク大学講師に就任する。

一九一四年七月末に第一次世界大戦が勃発すると、翌一五年三月末からバイエルン副総司令部で駐屯地勤務を経験し、検閲任務や戒厳状態報告に携わった。一九一八年一一月にミュンヘンで敗戦と革命を経験し、翌一九年四月にレーテ共和国と国防軍・義勇軍の間の内戦に都市駐留部隊の下士官として参加した。六月末に除隊となったシュミットは、一九一九年九月からミュンヘン商科大学講師として講義しつつ、冬学期にミュンヘン大学で晩年のマックス・ヴェーバーの講義と講師向け演習に参加し、革命独裁への関心を共有した。『政治的ロマン主義』(一九一九年)に続き、革命独裁を理論化した最初の主著『独裁』(一九二一年初め)が評価されたシュミットは、一九二一年九月にグライフスヴァルト大学教授へ、さらに翌二二年三月にボン大学教授へ招聘される。一九二二年一二月に『政治的神学』で主権概念を決断主義の立場から再定義し、一九二三年一〇月に『現代議会主義の精神史的状況』で議会主義を批判する一方で、一九二四年四月ドイツ国法学者大会報告で「憲法四八条に基づくライヒ大統領の独裁」を論じ、一九二八年三月に第二の主著『憲法論』で近代憲法を体系的に解釈した。その前年一九二七年に、本書の初版「政治的なものの概念」は公表された。シュミットのボン時代は、研究活動ばかりか、教育活動でも多産な時期であり、彼の講義・演習から、E・フォルストホーフ、E・フリーゼンハーン、E・R・フーバー、O・キルヒハイマー、W・ヴェーバーといった多くの弟子が輩出した。

一九二八年四月にベルリン商科大学に転出したシュミットは、首都ベルリンで、二年後に始まるワイマール共和国の危機と理論的・実践的に取り組んだ。一九三〇年の講演「フーゴー・プロイス」で、ワイマール憲法の思想を「中立的国家」と呼び、一九三一年五月の『憲法の番人』改訂版では、中立的国家から全体国家への転換を論じ、「中立的権力」に当たるライヒ大統領に「憲法の番人」の期待を託した。同年一一月の『政治的なものの概念』改訂版で、味方と敵の区別を対外政治から対内政治に適用し、一九三二年八月の『合法性と正統性』では、憲法敵対的政党の合法的権力掌握に警告した。

この間、一九三〇年九月のライヒ議会選挙でナチ党が第二党に躍進し、議会制が機能しなくなり、一九三二年七月末の選挙ではナチ党が第一党に進出し、ワイマール憲法が脅かされる危機に陥った。同年七月二〇日にライヒ政府が、大統領緊急令によりプロイセンの社会民主党政府を罷免し、ライヒ政府の代理人を派遣すると(「プロイセン一撃」)、一〇月にライヒ対プロイセンの裁判で、シュミットはライヒ政府の代理人を務め、ライヒ政府に有利な判決を勝ち取る。八月に国防相(後に首相)シュライヒャーから依頼されたシュミットは、大統領緊急令でライヒ議会を無期限に解散する「国家非常事態」計画に関与する。だが、三回の非常事態計画はいずれも実行されず、翌三三年一月三〇日に大統領ヒンデンブルクは第一党党首ヒトラーを首相に任命する(ヴィンクラー、カーショー、権左、参照)。

ヒトラー内閣は、一九三三年二月二七日の国会議事堂放火事件を理由に、大統領緊急令で非常事態を宣言し、三月五日の議会選挙で過半数を獲得した後、三月二四日、立法権限をライヒ政府に委譲する授権法を三分の二多数で制定して、ワイマール憲法を合法的に葬り去った。四月七日にライヒ総督法と職業官吏再建法により州政府と公務員は画一化され、続いて労働組合・政党・教会の画一化が進んだ結果、七月一四日にナチスの一党独裁が完成した。四月初旬にライヒ総督法の立法作業に協力したシュミットは、ケルン大学に転出した後、四月下旬に『政治的なものの概念』を再改訂する中で、ナチ党に入党する。そして、七月にプロイセン枢密顧問官に任命され、一〇月にベルリン大学教授に招聘されて、一二月に『国家・運動・人民』を公刊し、国民社会主義の指導的国法学者の道を歩んでいく。

一九三四年六月三〇日にヒトラーが突撃隊幹部や党内外の反対派を粛清した時、シュミットは、「指導者は最悪の濫用に対し法を守る」と呼んで、粛清を法律上正当化した。だが、国外に亡命した旧友W・グリアンから反ナチス的過去を暴露された結果、一九三六年一二月に親衛隊の機関紙『黒い軍団』から、信条を疑われて攻撃され、大学教授と枢密顧問官以外の職を失い、「桂冠法学者」の地位から転落する。学術へと撤退したシュミットは、『ホッブズ国家論におけるリヴァイアサン』(一九三八年)、『国際法上の広域秩序』(一九三九年)を公刊して時代の議論を追い続けた。

一九四五年五月にドイツが無条件降伏すると、ナチス政権に協力したシュミットは、九月末に米軍に逮捕され、翌年一〇月まで抑留された。そして、一九四七年三月末から五週間、ニュルンベルクで取り調べられた後、戦争犯罪には問われず、五月半ばに釈放されて、故郷のプレッテンベルクで長い余生を送る。戦後まもなく著作活動を再開し、第三の主著

『大地のノモス』(一九五〇年)、『パルチザンの理論』(一九六三年)、『政治的なものの概念』新版(一九六三年)を公刊して、E・W・ベッケンフェルデら新世代の弟子と信奉者を獲得し、多くの著名人がプレッテンベルクを訪問した。他方で、シュミットが非ナチ化手続きを拒否し、『獄中記』(一九五〇年)や『一九七一年対話』(二〇一〇年)等で、真摯な反省でなく、弁明と自己演出に終始した点は後世の不興を買った。一九八五年に一〇〇歳近い高齢で亡くなっている。

2　本書の執筆背景

このように『政治的なものの概念』は、シュミットのボン時代(一九二七年版)、ベルリン時代(一九三二年版)、ケルン時代(一九三三年版)、そして戦後のプレッテンベルク時代(一九六三年版)に書かれた。続いて、『政治的なものの概念』各版が執筆された背景をより詳しく見てみたい。

(1)　シュミット自身、「政治的なものの概念」の最初の論文につき、「この論文のテーゼは、ボン大学の私の演習で一九二五年と一九二六年に成立した」と後に振り返っている(PB 75)。そこから得られた洞察は、一九二七年三月二一日から二七日にかけて、国家論

（後の『憲法論』）の中の「政治的なものの概念規定の章」として執筆され、四月一二日に完成した。その前年一一月一四日に『社会科学・社会政策雑誌』の編集者E・レーデラーから寄稿を依頼されていたシュミットは、「この章を論文として送付しよう」と考えて、四月一二日にレーデラーに郵送する。そして、七月一八日に校正を終えた上で、九月一九日に「政治的なものの概念」論文が『社会科学・社会政策雑誌』に公表された（TB Ⅳ 128f., 133, 152, 164; BW Lederer 79）。続いてシュミットは、七月三一日から一二月二七日までに『憲法論』を執筆し終え、翌一九二八年三月に公刊した。

他方で、一九二七年三月二五日にドイツ政治大学から「民主主義の諸問題」に関する講演の招待を受けたシュミットは、レーデラーの許可を得た上で、同じ論文を使用し、五月二〇日にベルリンの政治大学で講演と討議を行った。五月四日の講義で「政治的なものの概念」論文を読み上げ、「大成功」に気分よくしていたシュミットだったが、政治大学の講演では「概観を失い、良い講演とならず、失望した」ばかりか、討論では反論を受け、「ひどい討論」「ヘラーは私を感動的に弁護する」「成功せず」と感想を記す（TB Ⅳ 137, 141）。しかも、翌二八年に『民主主義の諸問題』が公刊された時、シュミットは、H・ヘラーの講演が反論を含んでいるのに気づき、自分の言葉を正しく引用するように抗議した。

このように「政治的なものの概念」一九二七年版は、『憲法論』の一章として執筆され、

「政治的統一」のように、『憲法論』と共通する基本概念を使用している。そこには、味方と敵の区別から多元主義批判や自由主義批判まで主要な論点がすでに出ているが、一九三二年版に比べれば、例えば国際連盟批判のように、対外政治への関心が前面に出た書だと言える。シュミットは、すでに『国際連盟の中心問題』(一九二六年)で、国際連盟がヴェルサイユ条約の現状維持を正当化するものだと批判的に論じていた。

(2) ベルリンに転出し、『憲法論』に関連する著作に携わったシュミットは、ワイマールの政治危機が始まった直後、一九三〇年一〇月一六日に「私の論文「政治的なものの概念」を始める試み」に再び着手する(TB V 47)。その二日前に、青年保守派の作家E・ユンガーから、「政治的なものの概念」を「戦争技術上の特別の発明」「音もなく爆発する地雷」と称賛されたのが改訂の動機となり、一〇月一九日、出版社に対して概念論文から小冊子を作る提案を行う。だが、編集者フォイヒトヴァンガーは、翌一九三一年二月二日、ユンガーの書に「深い嫌悪」を表明し、シュミットの思想が極右派サークルで「利用され、最悪の仕方で通俗化され、文学化されている」と警告する。五月に『憲法の番人』改訂版を刊行し、好評を博したシュミットは、六月六日、出版社から、一九二九年講演「中立化と脱政治化の時代」と一緒に小冊子にする了解を取り付ける。そして、九月一八日から二七日にかけて論文を最終改訂して草稿を送り、一一月一七日に『政治的なものの概念』改訂版の見本を受け取った(BW Jünger 7; BW Feuchtwanger 325, 329, 340, 370; TB V 136–139)。

こうしてできた『政治的なものの概念』一九三二年版は、最初の一九二七年版に比べれば、三三頁から五九頁へと倍の分量になったばかりか、政治的なものの新たな基準や国内政治への適用を含む等、思考過程を前進させた書になった。改訂版は、二〇〇〇部印刷されて、半年で一二〇〇部が売られたが、三〇以上の書評を記録した(BW Feuchtwanger 380; BPSD 310)。

(3) ところが、一九三三年三月に授権法が制定され、四月一日から四日にライヒ総督法の制定に協力したシュミットは、一年半も経たずに『政治的なものの概念』の再改訂を考えるようになる。四月一二日には、出版社に対して別の出版社から『政治的なものの概念』を再版する許可を求める。「この書は、アルノルト・ベルクシュトレッサーとゲルハルト・ライプホルツの間で戯画化する誤った印象を与える」というのがその理由だったが、ベルクシュトレッサーもライプホルツも、彼が親しく付き合っていたユダヤ系学者だった。翌日、編集者フォイヒトヴァンガーはシュミットの要求に応じるものの、「学術の収集や出版における「画一化」は恐ろしい観念であり、学術の概念を廃棄する」と彼に警告する(BW Feuchtwanger 393f.)。

すでに四月七日、ユダヤ人を公職から追放する最初の反ユダヤ立法、職業官吏再建法が制定されていた。四月一八日にケルン大学に赴任したシュミットは、休職に追い込まれたケルゼンのための嘆願書への署名を拒否する。そして、四月二五日に『政治的なものの概念』の再改訂を開始し、三日後の二八日に改訂を終えた。この改訂作業と並行して、シュミットは、ナチスへ入党する決意を次第に固めていく。改訂作業を始める前日の二四日に「興奮し、ナチスへ入党すべきかを思案した」後、終了前日の二七日午後四時に、妻ドゥシュカと一緒にブラウンスフェルトの事務所に出向き、入党手続きを済ませた(TB V 283, 286f.)。そして、五月九日に別の出版社の申し出を受けた後、七月に『政治的なものの概念』再改訂版が出版された。

再改訂された『政治的なものの概念』一九三三年版は、国民社会主義への信条告白を含んでおり、黒地に白文字のタイトルを付けて、ドイツ文字で書かれた。一九三二年版に比べて半額以下、一マルクの廉価で、最初は六〇〇〇部、一二月に三〇〇〇部印刷され、一年で八〇〇〇部売られた後、一九三八年に二〇〇〇部が増刷された(BPSD 21)。したがって、戦前で最も多く読まれた『政治的なものの概念』は、実はこの一九三三年版だった。

(4) 第二次大戦後にプレッテンベルクに撤退したシュミットは、一九六〇年以来、『政治的なものの概念』最終版を作成する考えを抱くようになる。フランス社会学者フロイントの助言にしたがい、現にあるテクストを変えずに公刊すると決意し、一九六三年一月、一九三二年版と同じ出版社に希望を伝えた。新版のテクストには一九三二年版を選んだ上で、法学者ベッケンフェルデに相談して、一九三二年版と同じく一九二九年講演「中立化と脱政治化の時代」を再録し、新たに三つの補遺と序文、注記を追加することにした。一九六三年七月一一日、彼の七五歳誕生日に、『政治的なものの概念』新版は公刊された。最初は二〇〇〇部印刷され、現在まで九刷を重ねている(BPSD 22)。

3　各版の相違と理由

では、一九二七年版から一九三二年版にかけて、さらに一九三三年版にかけて、どのように記述が変更され、なぜ二度改訂されたのだろうか。本書の読者は、各版で加筆訂正された箇所を太字により容易にたどることができる。

(1)　一九三二年版は、一九二七年版に比べれば、シュミット自身の後記に反し、「思考過程そのものの変化や前進」を数多く含んでいる。

第一に、政治的なものの中心領域が脱政治化・中立化するという一九二九年講演の歴史的概観に対応し、中立的国家から全体国家へ転換するという現状診断が加筆されている(第一節)。国家と社会が区別された「中立的国家」では、G・イェリネックのように、国家的＝政治的という同一視が成り立つが、国家と社会が重なり合い、全領域が政治化する「全体国家」では、国家から独立して「政治的なもの」を定義する必要が生じるという。

第二に、味方と敵の区別という政治的なものの基準が、対外政治から国内政治へと新たに適用されている（第三節・第五節）。国家内部で味方と敵のグループ分けが決定的になれば内戦の徴候を示すが、「国内の内敵宣言」の必要は立憲的法治国にも当てはまるという。一九三二年八月以降、シュミットが、ナチ党と共産党を共和国の内敵と見て、国防軍で軍事対決する非常事態計画へ関与した理由を説明する箇所である。

第三に、政治的なものの基準が一九三二年版では変更されている。一九二七年版では、政治的なものが自立的領域と説明されていたのに対し、一九三二年版では、政治的なものは、味方と敵のグループ分けの「最も強力な強さの程度」「距離化の強さ」「質的な新たな強さ」と呼ばれ、H・モーゲンソーから借用した「強さの程度」という新たな基準から再定義される。

第四に、「保護と服従の相関」を中心とするホッブズ解釈が追加され（第五節）、初期ヘーゲルやフィヒテ、マキャヴェリの悲観的政治観への評価が加筆されている（第七節）。

第五に、国際連盟批判の一環として人類概念のイデオロギー批判が追加されている（第六節）。

これら数多くの加筆訂正の理由の一つは、政治的なものの基準を国内政治に転用して、左右の分極化が進むワイマール末期の政治状況を把握しようとする努力にあった。もう一つの理由は、フィヒテ以来のドイツ・ナショナリズムから国際連盟批判を根拠づけようとする意図にあったと言える。

(2) 一九三三年版は、授権法以後の政治変革に対応して徹底した加筆訂正を施している。第一に、中立的国家から全体国家への転換を論じた第一節は完全に削除されている。第二に、政治的統一の本質は「内部でこの極端な対立状態を排除する」点にあるとされ、政治的統一の内部で「敵味方の対立は後退する」と変更される（第二節）。第三に、多元主義批判の一環として、一九一九年から一九三三年までの「多元主義的政党国家」では教会と労働組合の同盟が見られ、「これらビスマルクの敵」が「政党連邦国家」を形成したと加筆される（第四節）。ワイマール連合を担った中央党と社会民主党に対する敵対視を表明したものだが、公刊時に両政党はすでに禁止されていた。

第四に、国内の内敵宣言は立憲的法治国に当てはまるという一九三二年版の記述が削除され、「ワイマール連合の体制は、国民社会主義者を非合法で「非平和的」だと扱った」と加筆される（第五節）。一九三二年版とは逆に、ナチスの側から内敵宣言が再解釈されており、ナチス入党後に加筆した箇所と推定される。

最後に、一九三二年版と比べて最も際立つのは、一九三三年版で特定の作家名を体系的に削除している点である。ナチ党員ボイムラーのニーチェ解釈が加筆される一方で、ラスキ、カウフマン、テニエス、ザンダー、プレスナー、ルカーチの名前が削除され、シュタールとオッペンハイマーに差別的書込みが加えられる。彼らはすべてユダヤ系の作家だった。ここでシュミットは、四月七日の反ユダヤ立法にしたがい、学術の反ユダヤ主義的画一化に加担している。

これら加筆訂正の理由は、授権法制定により合法的革命が起こり、ナチ党に立法権限が授権された結果、敵と味方の関係が逆転したという政治判断である。それは、一九三三年版冒頭の加筆部分にはっきり述べられている。敵と味方の「この区別は、人間の行為と動機にその政治的意味を与える」。読者は、他にもナチスへの加担を正当化したと読める加筆箇所があるのに気づくだろう。したがって、シュミットが改訂作業と並行してナチスに入党したのは、味方と敵の区別という彼自身が創り出した概念に呪縛された結果だったと言える。

4　本書の基本概念——味方と敵の区別、グループ分け、政治的統一

本書は、各版を通じて一貫して、政治的なものの基準が味方と敵の区別にあると論じている。次に、一九三二年版を中心に、各版で変わらない共通の基本概念の意味を明らかにしたい。

(1) シュミットは、本書冒頭で、「国家の概念は政治的なものの概念を前提とする」と宣言した後、第二節で、「味方と敵の区別」が政治に特有な区別であり、「政治的なもの」の自立的基準をなすと主張する。まず、「味方と敵(Freund und Feind)」は、従来の訳語である「友と敵」とはニュアンスを若干異にしている点に注意したい。「友人」は、誠実と友愛の絆で結ばれた人間相互の私的結びつきであり、「敵」を必要としないばかりか、敵味方の政治的関係を私的空間に持ち込むならば容易に引き裂かれてしまう。第三節でラテン語の公敵と私敵、ギリシア語の戦争敵と私敵の区別を引き合いに出すように、ここでは、私的意味の「友と敵」でなく、公的意味の「味方と敵」を念頭に置いている。

次に「味方と敵」は、味方同士の結合が敵からの分離を必要とし、逆に分離は結合を必要とするという意味で相関的概念である。そこで、「味方と敵の区別」は、結合または分離、連合または離反の「最も強力な強さの程度」、あるいは連合と離反を左右する「距離化の強さ」(敵から距離を取る程度の強さ)と呼ばれ、第一に「強さの程度」という基準から定義される。ここでは、敵でも味方でもない中立性の概念(補遺二、参照)をまだ考慮していない。

一九六三年版に付された補遺二は、ドイツ語の「味方と敵」の語源を検討し、中世のフェーデ(私闘)における氏族・血縁者と復讐すべき敵対者に由来すると説明している。そこで、味方と敵の区別は、第二に戦争や内戦の緊急事態に見られる特有の現象、すなわち敵と味方の両陣営に分かれる戦時同盟の形成を指しており、これが「味方と敵のグループ分け(Freund-Feindgruppierung)」と呼ばれる。本書は、味方と敵にグループ分けする場合として、戦間期ドイツに見られたいくつかの敵対関係の現象を念頭に置いている。第一は、第七節のフィヒテやヘーゲルへの言及と第八節のヴェルサイユ条約批判から分かるように、フランス革命戦争から生じたドイツとフランスの敵対関係が第一次大戦後も激化する現象であり、その主要原因はヴェルサイユ講和条約だった。第二は、第八節や第三節末尾から分かるように、人類の歴史をブルジョアジーとプロレタリアートの階級闘争から説明するマルクスの階級闘争史観であり、第一次大戦後には、平和主義者の「戦争に対する戦争」、つまり独立社会民主党の反戦派社会主義者による革命運動に表れた。第三は、第五節で立憲的法治国の内敵宣言を「内戦の徴」と論じるように、第一次大戦の敗戦とドイツ革命の経験から生まれ、一九三〇年九月以後、議会第二党に進出したナチ党が、第三党になった共産党との間で武力抗争を繰り広げる現象である。近代ナショナリズムとロシア革命から生じたこれら内外の敵対関係の現象を抽象的に概念化したのが「味方と敵のグループ分け」なのである。

さらに第二節・第五節では、他人の他者的あり方が「自分自身の実存の否定」を意味する場合に「現実の敵」が生じると説明され、味方と敵の区別は、第三に実存哲学的意味から根拠づけられる。そして、第七節では、人間を問題ある者と捉える人間学的悲観主義から、他者との敵対関係を根拠づける反面で、人間を無害な者と捉える人間学的楽観主義を前提としていると、自由主義者や無政府主義者を批判する。人間性が善か悪かという単純二分法で政治理論の人間学的前提を説明するのは分かりやすい一方で、この論法は、個人が善と悪を選択する自由を備えているという道徳神学的解決（原注(24)、参照）を無視している。ここでシュミットは、一九世紀の自由主義者が説いたような人間の知的・道徳的完成可能性を考慮しておらず、嘘と詐欺で他人を欺く最低水準の人間性を不変の前提としている。

これに加えて、一九三三年版では、味方と敵の区別は、第四に実質的意味で「同種の者」と「異種の者」として説明されており、そこには人種主義的含意を読み取ることができる。一九三三年版のこの加筆部分が、四月末のシュミットのナチス入党を反映しているのは言うまでもないだろう。他にも、一九三三年版では、ボイムラーを引きつつ、敵概念を、「アゴーン」と呼ばれる闘争的競技の対抗相手から区別している点が注目される。

(2) 政治的なものの概念を定義した上で、続いてシュミットは、第三節で、国家を「自分自身で味方と敵を決定する組織された政治的統一」と定義する。ここで「政治的統一(politische Einheit)」は、『憲法論』と共通する基本概念であり、封建的割拠状態を克服した近代主権国家の本質を抽象的に概念化したものだと言える。『憲法論』が、「人民の政治的統一」から人民の憲法制定権力を引き出すのに対し、『政治的なものの概念』は、人民の政治的統一と味方と敵の区別を結びつけて、先のような国家の定義を導き出している。

第一にシュミットは、国家を「組織された政治的統一の間の武装した闘争」である戦争を遂行する主体として捉え、この意味で、国家は交戦権を持っており、「人間の生命を自由に使用する」生殺与奪の権限を独占すると主張する(第五節)。だが、グロティウスの近代自然法論は、自然状態の個人が、自己保存する自然権を持ち、戦争の開始時にも遂行時にも守るべき正義の法があると説いていた。それに対して、シュミットは、「正義が戦争の概念に含まれない」と述べ、近代自然法による交戦権の制約を無視してしまうから、自国の生存と財産を保存する自衛権に基づく正当な戦争と、他国の生存と財産を侵害する不当な戦争を区別できない。一九世紀に支配的なこうした戦争観は、対等な主権国家間で行われ、戦争の正不正を区別しない「無差別的戦争」観として後に定式化される。

第二にシュミットは、国家を労働組合・教会のような結社と同一視する英米の多元主義理論を批判し、国家以外の他の結社は交戦権を持たないという理由から、政治的統一の形式として国家を擁護する（第四節・第五節）。一九三三年版で加筆されるように、ワイマール期には、中央党と社会民主党、教会と労働組合が同盟し、「政党連邦国家」を形成したと批判する余り、シュミットは、多元性と統一の相反する要求を総合しようとする連邦主義理論の意義を理解できていない。

第三にシュミットは、ヴェルサイユ条約と国際連盟を、民族自決の名目で敗戦国を非武装化し、「敗戦国の永続的で無制限の経済的搾取」を命じる「帝国主義のイデオロギー的手段」だと批判する（第六節・第八節）。そして、自由主義精神の創始者コンスタンを例にとり、自由主義は、人道的理想と自由競争、「倫理と経済の両極性」の間を揺れ動くという自由主義批判を展開する。だが、シュミットは、コンスタン以後の英仏自由主義の展開を理解しておらず、一九三三年以後の米国自由主義の転換も見通していない。こうして最後に、本書の中心的動機は、フランス自由主義に対するドイツ・ナショナリズムの自己主張だったと明らかになる。

したがって、「味方と敵の区別」や「政治的統一」という基本概念は、シュミットが、政治的なものの基準から始まり、多元主義批判と国際主義批判を経て、自由主義批判まで読者を導いていく誘導手段になっている。「あらゆる政治的概念は論争的意味をもっている」という第三節の命題は、よく同意を込めて引用される。だが、これら基本概念は、社会科学の認識手段を超えて、実践的意味で無批判に使用されるならば、自由主義を敵対視する論争的概念として作用することを読者は忘れてはならない。シュミットの言う政治的なものの概念は、敵対関係を認識し、恒常化することはできても、敵対関係を相対化し、解消するには役立たない点で、一面的概念なのである。

5　本書の影響作用

本書の各版は、同時代人の間でどんな反響を呼んだのだろうか。同時代の重要な反応と書評に限って見てみたい。

(1) まず、一九二八年の『民主主義の諸問題』でH・ヘラーは、「緊急事態で政治的統一を攻撃する者を絶滅する」必要がある点にシュミットの主張の「正しい核心」を認めながら、シュミットは、政治が「国内的統一形成の領域」である点を見ておらず、あらゆる政治的行為が味方と敵の区別に還元できれば、政治的統一の存在は「極めて非政治的なもの」になると批判した(Heller 37f.)。シュミットは、ヘラーが「否定」と「絶滅」を混同していると反論し、「実存的に絶滅すべき敵」という誤った引用を改めるよう、一二月一八日と二二日の書簡で抗議した(BW Heller 501-503)。両者は、四年後の一九三二年一〇月一〇日、ライプツィヒの国事裁判所でそれぞれプロイセン政府とライヒ政府の代理人として再会し、法廷で対決することになる。

(2) 次に編集者フォイヒトヴァンガーは、公刊間近の一九三一年一一月一三日、シュミットに打ち明けている。「私は、『政治的なものの概念』の影響を知りたくてたまりません。私は、特に認識論的にもこの書に大いに取り組みました。あなたの基本[テーゼ]と方法に同意しませんが、どこで「反論」を始めるべきか、まだ分かりません」。しかし、半年後の翌一九三二年六月一三日には次のように嘆いている。「あなたの『政治的なものの概念』はどんな騒動とどんなに大きな誤解を引き起こしたでしょうか。一〇〇近くの量的に相当な数の書評は屑同然です」(BW Feuchtwanger 369, 379)。だが、二つの学術的書評がシュミットの元に届けられる。

一九三一年一一月二七日、一二月二一日、翌三二年一月二五日の三度、レオ・シュトラウスがシュミット宅を訪問し、ホッブズ研究を手渡して、ロックフェラー財団への推薦状を望んだ。シュミットは、「彼のテーゼを喜び」、推薦状を書いたばかりか、六月一〇日、シュトラウスが『政治的なものの概念』について「もちろん極めて批判的だが、大変良い論文を書いた」ので、レーデラーの雑誌を紹介した(TB V 149, 159, 171; BW Feuchtwanger 377; BW Lederer 84)。一九三二年に『社会科学・社会政策雑誌』に掲載された「『政治的なものの概念』の注解」でシュトラウスは、『政治的なものの概念』をホッブズの自然状態論と対比し、両者の相違を指摘する。そして、「シュミットの自由主義批判が自由主義の視野の内で遂行されている」と結論し、自由主義批判を完成させるため、自由主義の定礎者ホッブズから「自由主義を超えた視野」を知る必要を説く(Strauss 749)。九月四日の書簡では、シュミットの言う政治的なものは、「国家や「秩序」の構成原理でなく国家の条件にすぎません」とさらに踏み込んで批判する(BW Strauss 174)。

さらにベルリン大学講師のH・クーンは、一九三三年四月一一日、『カント研究』に掲載した『政治的なものの概念』の書評をシュミットに献呈した。四月二〇日のシュミットの日記帳には、「『カント研究』にユダヤ人の愚かな論文。厚かましく恥知らず」と記載され、書評は彼の不興を買ったが(TB V 284)、後に評価されたと分かる。クーンの書評は、『政治的なものの概念』に見られる政治的なものの優位が「厳密には実存哲学的意味」を持ち、その自由主義批判が「実存的哲学的エトス」に支えられていると指摘する。そこには、「正しい政治」のような善きものへのソクラテス的問いが欠けており、決断自体が理想化されている。だが、「実存する個人」は、自由主義的個人と同じく、内容を欠いた空虚な存在にすぎない。クーンは、書簡では「あなたの著作に隠された「ニヒリズム」を暴こうとした」と打ち明けている(Kuhn; BW Kuhn 178)。

シュトラウスとクーンはいずれも、『政治的なものの概念』の自由主義批判が、「平和主義的国際主義」に対する「好戦的ナショナリズム」の闘争を意味すると理解していた。国際法学者のH・ヴェーベルクも、『平和の監視所』書評(一九三三年二月)で、『政治的なものの概念』を法理論への「極めて貴重な貢献」と評価しつつ、この書が、第一に帝国主義世界に合わせて構築されており、各国の交戦権を擁護する余り、個別戦争を禁じるケロッグ条約の意味を過小評価していると批判した(Wehberg 1933)。

(3) 他方で、一九三三年四月にフライブルク大学学長に選ばれたハイデガーは、七月にナチスを弁護した就任演説「ドイツ大学の自己主張」の冊子をシュミットに献呈し、シュミットも、公刊間もない『政治的なものの概念』一九三三年版を献呈して応答した。八月二二日にハイデガーは、『政治的なものの概念』が「極めて大きな射程距離の端緒」を含むと述べ、「あなたの決定的協力」を望んでいると呼びかけた。これに対し、八月二七日にシュミットは、彼の就任演説を「素晴らしい呼びかけ」と称え、自分のケルン大学就任演説「ライヒ・国家・連邦」から「あらゆる種類の協力への私の意志」を読み取るよう求めた(BW Heidegger 182f.)。ナチスに協力する二人の御用学者の間で交わされた結束の意志表示である。

これに対し、ハイデガーの二人のユダヤ系弟子は、『政治的なものの概念』の版の変更を指摘してシュミットと対決した。H・マルクーゼは、『社会研究誌』の書評(一九三四年)で、一九三三年版ではレーニンとルカーチに言及する箇所が削除され、「敵対者への差別」が加筆されていると例示した(Marcuse)。続いてK・レーヴィットは、亡命先で書いた匿名の書「政治的決断主義」(一九三五年)で、一九三三年版の最も痛烈な批判を展開した。レーヴィットによれば、『政治的なものの概念』は、シュミットの唱える決断主義のニヒリズム的性格を明らかにしている。それは、「偉大な政治の頂点」として戦争に共感する好戦主義的態度や、ハイデガーの実存分析と同様、決定内容に無関心な「決断のための決断」に表れている。また、敵と味方の概念は、「異種の者」と「同種の者」として実質的に理解できるのか、「同盟者」として機会原因的に理解できるのかが不明確であり、両義の間で揺れ動いている。さらに、ルカーチの削除とシュタールやオッペンハイマーへの加筆を始めとする異なる版の間の変更は、ロマン主義者の政治的態度に見られたように、時々の状況から具体的内容を引き出す「機会原因論」で説明できる(Löwith)。これに対し、シュミットは、『立場と概念』(一九四〇年)に一九二七年版の抜粋を再録し、「私が後に加えた改善を、いかがわしい信条の変更と見せかける亡命者の雑誌の試み」に対抗しようとしたが(PB 75)、説得力に欠けている。

ここで見た四人の若き書評者は、いずれも一九三三年以後米国に移住・亡命を余儀なくされた。クーンとレーヴィットは戦後西ドイツに帰国し、それぞれミュンヘン大学、ハイデルベルク大学の哲学教授となった。シュトラウスとマルクーゼは米国に帰化し、それぞれシカゴ大学、カリフォルニア大学の教授となり、一方は新保守主義の父、他方は新左翼の父と見なされた。一九六三年版注記でシュミットが、シュトラウスとクーンの書評に言及し、三〇年後に両者の批判に答えているのは注目される。

結　び

本書では、一九六三年版から序文、補遺二、注記を選んで新たに邦訳したが、いずれも戦後シュミットによる弁明と反論という性格を持っている。最後に、一九六三年版を手掛かりに『政治的なものの概念』の意義と評価を考えてみたい。一九三三年版を知った読者の中には、学術の画一化と反ユダヤ主義に加担したナチスの御用学者の弁明を聴く必要があるのか、疑問に思う方もいるかもしれない。しかし、世界史が普遍的理念により諸国民が裁かれる「世界法廷」(ヘーゲル)であるならば、法廷の被告にも弁明の機会を与えるのが、真の歴史家の立場だと言える。

第一に、一九六三年版序文は、一九三三年版での変更という不都合な真実に言及せず、沈黙を守っている。他にもシュミットは、一九三二年版テクストの「明らかに不完全な性格」を認めながら、一九二七年版以来の平和主義や国際連盟の批判が、敗戦国ドイツのナショナリズムに訴える起爆力をもった点を認めようとしない。国際連盟規約は、一九一九年六月二八日、ヴェルサイユ講和条約の一部として署名された以上、シュミットの国際連盟批判も、ヴェルサイユ条約に対する敗戦国ナショナリズムの闘争を意味していた。一九六三年版に再録された補遺二は、満州事変の事例を論じつつ、国際連盟規約が「戦争と平和の間の異常な中間的状況」を合法化したと述べ、第一次大戦後の国際秩序を批判する基本的立場に変わりないことを示している。

第二に、一九六三年版序文は、一九三二年版の「主要な欠陥」が三種類の敵概念を明確に区別できていない点にあると認め、同時期に刊行された『パルチザンの理論』を参照するよう指示している。これは、結合または離反の「強さの程度」という基準では、政治的なものの基準として不充分だったことを示している。「自分自身の実存の否定」という敵対関係の別の基準は、「完全に絶滅するべき」敵から区別されて、三〇年後にはそれぞれ「現実の敵」と「絶対的敵」と呼ばれる。『パルチザンの理論』は、民族解放闘争の系譜を辿り、一八一三年の諸国民戦争こそ、「現実の敵」と闘う土着的パルチザンの起源であり、「絶対的敵」と闘う革命的パルチザンから区別されると論じる。

第三に、一九六三年版序文は、政治的なものの基準が新たにパルチザン戦争や東西冷戦にも適用可能だと指摘し、国家間戦争の限定による「敵対関係の相対化」こそ「人道性の意味における進歩」をなすと説いている。三〇年前のシュミットは、「味方と敵の区別」こそ「真のヘーゲル歴史哲学の核心」をなすと主張していた以上(一九三一年一一月講演「ヘーゲルとマルクス」参照)、戦後のシュミットが歴史を評価する基準を変更したと言えるかは、すぐには断定できない。だが、少なくとも、一九六三年版序文が、ナチス解体と米ソ冷戦開始による新たな意識を表明しているとは言える。そして、味方と敵の首尾一貫した区別が「冷戦の起源と本質」をなすかぎり、政治的なものの概念は、東西冷戦の現象を歴史的に認識する社会科学の概念として一定程度有効だろう。しかし、この概念は、敵対関係の相対化を目指す価値基準としては不適当であり、相互承認や中立性のような別の概念が必要になる。というのも、味方と敵の区別は、近代ナショナリズムとロシア革命の挑戦が激化する両大戦間の時代を反映した概念だからである。

『政治的なものの概念』新版が公刊された一九六三年は、諸国民戦争から一五〇年を経て、独仏友好条約が締結され、独仏和解が達成された年であり、同時にインドシナで新たな民族解放闘争が始まり、パルチザン戦争を解き放った年でもある。これら東西の対照的出来事は、いずれも一九七〇年代に米ソ・デタントを促進し、一九八〇年代末の冷戦終結につながることになった。東西冷戦終結につながるこの時期こそ、敵対関係の相対化と解消を目指す上で学ぶべき時代であろう。東アジアでは相変わらず冷戦が継続するばかりか、東欧では一世紀前に逆行するようなナショナリズムの噴出が見られる。これらの現象を認識し、克服する上で、本書との対決が役立てられることを願いつつ、訳者解説を終えることにしたい。

文献一覧

1 日記帳

TB Ⅰ=C. Schmitt, *Tagebücher Oktober 1912 bis Februar 1915*, hg. v. E. Hüsmert, Berlin 2003.

TB Ⅱ=C. Schmitt, *Die Militärzeit 1915 bis 1919, Tagebuch Februar bis Dezember 1915, Aufsätze und Materialien*, hg. v. E. Hüsmert und G. Giesler, Berlin 2005.

TB Ⅲ=C. Schmitt, *Der Schatten Gottes, Introspektionen, Tagebücher und Briefe 1921 bis 1924*, hg. v. G. Giesler, E. Hüsmert und W. H. Spindler, Berlin 2014.

TB Ⅳ=C. Schmitt, *Tagebücher 1925 bis 1929*, hg. v. M. Tielke und G. Giesler, Berlin 2018.

TB Ⅴ=C. Schmitt, *Tagebücher 1930 bis 1934*, hg. v. W. Schuller, in Zusammenarbeit mit G. Giesler, Berlin 2010.

2 書簡集

BW Jünger = H. Kiesel (Hg.), *Ernst Jünger—Carl Schmitt. Briefe 1930–1983*, Stuttgart

1999. 邦訳、H・キーゼル編『ユンガー＝シュミット往復書簡　一九三〇―一九八三』（法政大学出版局）

BW Feuchtwanger = R. Rieß (Hg.), *Carl Schmitt—Ludwig Feuchtwanger Briefwechsel 1918–1935*, Berlin 2007.

BW Kuhn, Strauss, Heidegger = Carl Schmitt im Gespräch mit Philosophen: Helmut Kuhn, Leo Strauss, Martin Heidegger, hg. v. R. Mehring, in: Carl Schmitt-Gesellschaft (Hg.), *Schmittiana Neue Folge* Bd. 2, Berlin 2014.

BW Lederer = „Raum des Archivs dafür immer zur Verfügung" Lederer—Schmitt 1926–1932, hg. v. R. Mehring, in: Carl Schmitt-Gesellschaft (Hg.), *Schmittiana Neue Folge* Bd. 3, Berlin 2016.

BW Heller = Briefwechsel Hermann Heller—Carl Schmitt, in: C. Schmitt, *Tagebücher 1925 bis 1929*, hg. v. M. Tielke und G. Giesler, Berlin 2018, 500–504.

3 伝記・歴史書等

R. Mehring, *Carl Schmitt, Aufstieg und Fall*, München 2009.

H・A・ヴィンクラー『自由と統一への長い道I　ドイツ近現代史一七八九―一九三三年』（昭和堂、二〇〇八年）

I・カーショー『ヒトラー　上　一八八九―一九三六　傲慢』(白水社、二〇一六年)
篠原初枝『国際連盟』(中央公論新社、二〇一〇年)
権左武志「第三帝国の創立と連邦制の問題――カール・シュミットはいかにして国家社会主義者となったか?」『思想』二〇一二年三号
R・メーリング「一九三三年九月ベルリンのマルティン・ハイデガーとカール・シュミット」『思想』二〇一三年九号

4『政治的なものの概念』の他の版

PD = C. Schmitt, H. Heller, M. H. Boehm, E. Michel, F. Berber, *Probleme der Demokratie*, Berlin-Grunewald, 1928.
PB = C. Schmitt, *Positionen und Begriffe, im Kampf mit Weimar—Genf—Versailles 1923–1939*, Berlin 1940, 3. Aufl. 1994.
FP = C. Schmitt, *Frieden oder Pazifismus?* hg. v. G. Maschke, Berlin 2005.

5 シュミットの他の著作

C. Schmitt, *Die Kernfrage des Völkerbundes*, Berlin 1926.
C. Schmitt, *Verfassungslehre*, Berlin 1928. 邦訳『憲法論』(みすず書房)『憲法理論』(創文社)

C. Schmitt, *Der Hüter der Verfassung*, Berlin 1931. 邦訳『憲法の番人』(第一法規出版)

C. Schmitt, *Legalität und Legitimität*, Berlin 1932. 邦訳『合法性と正当性』(未來社)

C. Schmitt, *Die Wendung zum diskriminierenden Kriegsbegriff*, Berlin 1938.

C. Schmitt, *Der Nomos der Erde im Völkerrecht des Jus Publicum Europaeum*, Berlin 1950. 邦訳『大地のノモス』(慈学社)

C. Schmitt, *Verfassungsrechtliche Aufsätze*, Berlin 1958.

C. Schmitt, *Theorie des Partisanen, Zwischenbemerkung zum Begriff des Politischen*, Berlin 1963. 邦訳『パルチザンの理論』(ちくま学芸文庫)

C. Schmitt, „Hegel und Marx", in: *Marx-Engels-Jahrbuch 2004*, Berlin 2005, 219–227.

6 書評・反応等

H. Heller, „Politische Demokratie und soziale Homogenität", in: C. Schmitt, u. dgl., *Probleme der Demokratie*, Berlin-Grunewald, 1928.

L. Strauss, „Anmerkungen zu Carl Schmitt, Der Begriff des Politischen", in: *Archiv für Sozialwissenschaft und Sozialpolitik*, 67(6), 1932, 732–749. 邦訳、H・マイアー『シュミットとシュトラウス』(法政大学出版局)所収

H. Kuhn, „Carl Schmitt, Der Begriff des Politischen", in: *Kant-Studien* 38 (1/2), 1933, 190–196.

H. Wehberg, „Carl Schmitt, Der Begriff des Politischen“, in: *Die Friedens-Warte* 33 (2), 1933, 62.

H. Morgenthau, *La notion du „Politique“ et la théorie des différends internationaux*, Paris 1933.

H. Marcuse, „Carl Schmitt, Der Begriff des Politischen“, in: *Zeitschrift für Sozialforschung* 3 (1), 1934, 103.

H. Fiala (= K. Löwith), „Politischer Dezisionismus“, in: *Internationale Zeitschrift für Theorie des Rechts* 9 (2), 1935, 101–123. 一九六〇年版の邦訳、C・シュミット『政治神学』(未來社)所収

O. Brunner, *Land und Herrschaft*, Wien 1939.

H. Wehberg, „Universales oder Europäisches Völkerrecht? Eine Auseinandersetzung mit Prof. C. Schmitt“, in: *Die Friedens-Warte* 41 (4), 1941, 157–166.

H. Wehberg, „Vom Jus Publicum Europaeum“, in: *Die Friedens-Warte* 50 (4), 1950/51, 305–314.

J. Freund, *L'essence du politique*, Paris 1965.

G. Schwab, *The Challenge of the Exception*, Berlin 1970. 邦訳『例外の挑戦』(みすず書房)

宮下豊『ハンス・J・モーゲンソーの国際政治思想』(大学教育出版、二〇一二年)

あとがき

岩波書店の依頼に応じて本書の新たな邦訳を引き受けた時、四〇年余り前、大学一年の政治学講義で本書を紹介されて、邦訳を購入したのを懐かしく思い出した。三〇年前に偶然のきっかけでカール・シュミット研究に足を踏み入れた時、最初に再読したのも本書だった。その後、本書には三種類の異なる版が存在するのに気づき、各版の相違を考慮した新訳が出ないかと待ち望んでいたが、自分自身が新訳を手掛けることになったのは奇妙な縁と言えるだろう。しかし、邦訳作業を進める中で気がかりだったことが二つある。

一つは、過去四〇年間の時代の激変に伴い、本書の影響作用がいかに変化したかである。私が本書を初めて手に取った一九七八年は東西冷戦の真只中であり、本書の基本概念をなす「味方と敵のグループ分け」(旧訳では「友・敵結束」)の意味は、目に見える現象となり現れていた。大学構内には、ベトナム反戦運動を担った過激派セクト同士の陰惨な殺し合いが見られ、彼らは「完全に絶滅するべき」敵の殲滅を闘争の成果として誇っていた。今回本書を邦訳してみて、第一次大戦後のドイツでも類似する革命運動の現象が見られ、シュミットが、これらの運動を念頭に置き、彼らも「政治的なものの帰結から逃れることはできない」と論じているのに気づいた。

ところが、米ソ冷戦が終結した一九九〇年以後の時代しか知らない若い世代の人々にとり、本書の基本概念の意味は決して自明とは言えない。実際、二〇〇一年以後の新自由主義時代に成長願望ナショナリズムが高まった時、シュミットの主要概念は、新自由主義政権に協力する御用学者により濫用されて、日本の社会と大学を大いに荒廃させた。最終原稿を準備していた本年三月、ロシアのウクライナ侵攻の知らせを聞いて、訳者解説に新たに加筆し、本書の概念が秘めている起爆力に警告を発したのは、同様の現象を予感したからである。シュミットの書を初めて手に取る読者には、新型ナショナリズムへの感染を予防する手段として、訳者解説に予め目を通して下さるようにお願いしたい。

もう一つ気がかりだったのは、同業者から「並外れた歴史的知識」「驚くべき博識」と評されたシュミットの人文的教養とそれを支える語学力にどこまで付いていけるかである。シュミット自身、自分は二つの古典語と五つの国民語を解し、七つの国際語(国際的に通用する思想)に通じており、そのおかげで精神の自由を保ったと述べている。前者の中で、二つの古典語と三つの国民語、すなわちギリシア語・ラテン語とドイツ語・フランス語・

英語はほぼ自力で邦訳できたが、一九六三年版に出てくる中世ドイツ語・イタリア語・スペイン語の三箇所は独力で邦訳できず、最後まで残された。訳者の問合せに対し邦訳を快く教示してくださった専門家の皆様、田口正樹氏、石田憲氏、馬場香織氏にはお礼申し上げます。後者の国際語の中で、自由主義語とヘーゲル語に関するシュミットの理解が不充分な点は、訳者解説で指摘した通りである。

岩波書店編集部の小田野耕明氏は、原稿を日本語として正確にかつ読みやすくするよう指摘してくださった。お礼申し上げます。

二〇二二年四月

権左武志

人名索引

（斜体の数字は訳注および訳者解説のページを示す）

ア　行

カ　行

サ　行

タ　行

ナ　行

ハ　行

マ　行

ヤ・ラ　行

政治的《せいじてき》なものの概念《がいねん》　カール・シュミット著

2022年8月10日　第1刷発行
2022年9月15日　第2刷発行

訳　者　権左武志《ごんざたけし》

発行者　坂本政謙

発行所　株式会社 岩波書店
〒101-8002 東京都千代田区一ツ橋2-5-5

案内 03-5210-4000　営業部 03-5210-4111
文庫編集部 03-5210-4051
https://www.iwanami.co.jp/

印刷・理想社　カバー・精興社　製本・中永製本

ISBN 978-4-00-340302-0　　Printed in Japan

読書子に寄す

——岩波文庫発刊に際して——

岩波茂雄

真理は万人によって求められることを自ら欲し、芸術は万人によって愛されることを自ら望む。かつては民を愚昧ならしめるために学芸が最も狭き堂宇に閉鎖されたことがあった。今や知識と美とを特権階級の独占より奪い返すことはつねに進取的なる民衆の切実なる要求である。岩波文庫はこの要求に応じそれに励まされて生まれた。それは生命ある不朽の書を少数者の書斎と研究室とより解放して街頭にくまなく立たしめ民衆に伍せしめるであろう。近時大量生産予約出版の流行を見る。その広告宣伝の狂態はしばらくおくも、後代にのこすと誇称する全集がその編集に万全の用意をなしたるか。千古の典籍の翻訳企図に敬虔の態度を欠かざりしか。さらに分売を許さず読者を繋縛して数十冊を強うるがごとき、はたしてその揚言する学芸解放のゆえんなりや。吾人は天下の名士の声に和してこれを推挙するに躊躇するものである。このときにあたって、岩波書店は自己の責務のいよいよ重大なるを思い、従来の方針の徹底を期するため、すでに十数年以前より志して来た計画を慎重審議この際断然実行することにした。吾人は範をかのレクラム文庫にとり、古今東西にわたって文芸・哲学・社会科学・自然科学等種類のいかんを問わず、いやしくも万人の必読すべき真に古典的価値ある書をきわめて簡易なる形式において逐次刊行し、あらゆる人間に須要なる生活向上の資料、生活批判の原理を提供せんと欲する。この文庫は予約出版の方法を排したるがゆえに、読者は自己の欲する時に自己の欲する書物を各個に自由に選択することができる。携帯に便にして価格の低きを最主とするがゆえに、外観を顧みざるも内容に至っては厳選最も力を尽くし、従来の岩波出版物の特色をますます発揮せしめようとする。この計画たるや世間の一時の投機的なるものと異なり、永遠の事業として吾人は微力を傾倒し、あらゆる犠牲を忍んで今後永久に継続発展せしめ、もって文庫の使命を遺憾なく果たさしめることを期する。芸術を愛し知識を求むる士の自ら進んでこの挙に参加し、希望と忠言とを寄せられることは吾人の熱望するところである。その性質上経済的には最も困難多きこの事業にあえて当たらんとする吾人の志を諒として、その達成のため世の読書子とのうるわしき共同を期待する。

昭和二年七月

《法律・政治》〔白〕

人権宣言集 高木八尺・末延三次・宮沢俊義編
新版 世界憲法集 第二版 高橋和之編
君主論 マキアヴェッリ 河島英昭訳
フィレンツェ史 全二冊 マキァヴェッリ 齊藤寛海訳
リヴァイアサン 全四冊 ホッブズ 水田洋訳
ビヒモス ホッブズ 山田園子訳
法の精神 全三冊 モンテスキュー 野田良之・稲本洋之助・上原行雄・田中治男・三辺博之・横田地弘訳
ローマ人盛衰原因論 モンテスキュー 田中治男・栗田伸子訳
第三身分とは何か シィエス 稲本洋之助・伊藤洋一・川出良枝・松本英実訳
教育に関する考察 ロック 服部知文訳
完訳 統治二論 ジョン・ロック 加藤節訳
寛容についての手紙 ジョン・ロック 加藤節・李静和訳
キリスト教の合理性 ジョン・ロック 加藤節訳
ルソー 社会契約論 桑原武夫・前川貞次郎訳
アメリカのデモクラシー 全四冊 トクヴィル 松本礼二訳
犯罪と刑罰 ベッカリーア 風早八十二・五十嵐二葉訳
リンカーン演説集 高木八尺・斎藤光訳
権利のための闘争 イェーリング 村上淳一訳
近代人の自由と古代人の自由・征服の精神と簒奪 他一篇 コンスタン 堤林剣・堤林恵訳
民主主義の本質と価値 他一篇 ハンス・ケルゼン 長尾龍一・植田俊太郎訳
外交談判法 カリエール 坂野正高訳
危機の二十年 ―理想と現実 E・H・カー 原彬久訳
アメリカの黒人演説集 ―キング・マルコムX・モリスン 他 荒このみ編訳
モーゲンソー 国際政治 ―権力と平和 全三冊 原彬久監訳
現代議会主義の精神史的状況 他一篇 カール・シュミット 樋口陽一訳
第二次世界大戦外交史 全二冊 芦田均
憲法講話 美濃部達吉
日本国憲法 長谷部恭男解説
民主体制の崩壊 ―危機・崩壊・再均衡 ファン・リンス 横田正顕訳

《経済・社会》〔白〕

政治算術 ペティ 大内兵衛・松川七郎訳
国富論 全四冊 アダム・スミス 水田洋監訳 杉山忠平訳
道徳感情論 全二冊 アダム・スミス 水田洋訳
法学講義 アダム・スミス 水田洋訳
コモン・センス 他三篇 トーマス・ペイン 小松春雄訳
経済学における諸定義 マルサス 玉野井芳郎訳
オウエン自叙伝 ロバアト・オウエン 五島茂訳
戦争論 全三冊 クラウゼヴィッツ 篠田英雄訳
自由論 J・S・ミル 塩尻公明・木村健康訳
ミル自伝 朱牟田夏雄訳
大学教育について J・S・ミル 竹内一誠訳
功利主義 J・S・ミル 関口正司訳
ユダヤ人問題によせて ヘーゲル法哲学批判序説 マルクス 城塚登訳
経済学・哲学草稿 マルクス 城塚登・田中吉六訳
新編輯版 ドイツ・イデオロギー マルクス エンゲルス 廣松渉編訳 小林昌人補訳
マルクス エンゲルス 共産党宣言 大内兵衛・向坂逸郎訳
賃労働と資本 マルクス 長谷部文雄訳
賃銀・価格および利潤 マルクス 長谷部文雄訳
マルクス 経済学批判 武田隆夫・遠藤湘吉・大内力・加藤俊彦訳
マルクス 資本論 全九冊 エンゲルス編 向坂逸郎訳

- 文学と革命 全二冊 トロツキイ 桑野隆訳
- ロシア革命史 全五冊 トロツキー 藤井一行訳
- 空想より科学へ —社会主義の発展 エンゲルス 大内兵衛訳
- イギリスにおける労働者階級の状態 —一九世紀のロンドンとマンチェスター 全二冊 エンゲルス 一條和生・杉山忠平訳
- 帝国主義論 全二冊 ホブスン 矢内原忠雄訳
- 帝国主義 レーニン 宇高基輔訳
- 国家と革命 レーニン 宇高基輔訳
- ローザ・ルクセンブルク 獄中からの手紙 秋元寿恵夫訳
- 雇用、利子および貨幣の一般理論 全二冊 ケインズ 間宮陽介訳
- シュムペーター 経済発展の理論 全二冊 塩野谷祐一・中山伊知郎・東畑精一訳
- シュムペーター 経済学史 —学説ならびに方法の諸段階 中山伊知郎・東畑精一訳
- 租税国家の危機 シュムペーター 木村元一・小谷義次訳
- 日本資本主義分析 山田盛太郎
- 恐慌論 宇野弘蔵
- 経済原論 宇野弘蔵
- 資本主義と市民社会 他十四篇 大塚久雄 齋藤英里編
- 共同体の基礎理論 他六篇 大塚久雄 小野塚知二編

- ユートピアだより ウィリアム・モリス 川端康雄訳
- 民衆の芸術 ウィリアム・モリス 中橋一夫訳
- 社会科学と社会政策にかかわる認識の「客観性」 マックス・ヴェーバー 富永祐治・立野保男訳 折原浩補訳
- プロテスタンティズムの倫理と資本主義の精神 マックス・ヴェーバー 大塚久雄訳
- 職業としての学問 マックス・ヴェーバー 尾高邦雄訳
- 社会学の根本概念 マックス・ヴェーバー 清水幾太郎訳
- 職業としての政治 マックス・ヴェーバー 脇圭平訳
- 古代ユダヤ教 全三冊 マックス・ヴェーバー 内田芳明訳
- 宗教と資本主義の興隆 歴史的研究 全二冊 トーニー 出口勇蔵・越智武臣訳
- 世論 全二冊 リップマン 掛川トミ子訳
- 王権 A・M・ホカート 橋本和也訳
- 鯰絵 —民俗的想像力の世界 C・アウエハント 小松和彦・中沢新一・飯島吉晴・古家信平訳
- 贈与論 他二篇 マルセル・モース 森山工訳
- 国民論 他二篇 マルセル・モース 森山工編訳
- ヨーロッパの昔話 その形と本質 マックス・リュティ 小澤俊夫訳
- 独裁と民主政治の社会的起源 —近代世界形成過程における領主と農民 全二冊 バリントン・ムーア 宮崎隆次・森山茂徳・高橋直樹訳
- 大衆の反逆 オルテガ・イ・ガセット 佐々木孝訳

《自然科学》〔青〕

- 科学と仮説 ポアンカレ 河野伊三郎訳
- エネルギー オストヴァルト 山県春次訳
- 光学 ニュートン 島尾永康訳
- 大陸と海洋の起源 —大陸移動説 全二冊 ヴェーゲナー 都城秋穂・紫藤文子訳
- ロウソクの科学 ファラデー 竹内敬人訳
- 種の起原 全二冊 ダーウィン 八杉龍一訳
- 完訳 ファーブル昆虫記 全十冊 山田吉彦・林達夫訳
- 確率の哲学的試論 ラプラス 内井惣七訳
- 史的に見たる科学的宇宙観の変遷 アーレニウス 寺田寅彦訳
- 科学談義 T・H・ハックスリ 小泉丹訳
- アインシュタイン 相対性理論 内山龍雄訳・解説
- 相対論の意味 アインシュタイン 矢野健太郎訳
- 自然美と其驚異 ジョン・ラバック 板倉勝忠訳
- ダーウィニズム論集 八杉龍一編訳
- 近世数学史談 高木貞治
- ハッブル 銀河の世界 戎崎俊一訳

岩波文庫の最新刊

須藤 靖編

20世紀科学論文集 **現代宇宙論の誕生**

宇宙膨張の発見、ビッグバンモデルの提唱など、現代宇宙論の基礎をなす発見と理論が初めて発表された古典的論文を収録する。

〔青九五一-一〕 定価八五八円

カレル・チャペック作／阿部賢一訳

マクロプロスの処方箋

百年前から続く遺産相続訴訟の判決の日。美貌の歌手マルティの謎めいた証言から、ついに露わになる「不老不死」の処方箋とは？現代的な問いに満ちた名作戯曲。

〔赤七七四-四〕 定価六六〇円

カール・シュミット著／権左武志訳

政治的なものの概念

政治的なものの本質を「味方と敵の区別」に見出したカール・シュミットの代表作。一九三二年版と三三年版を全訳したうえで、各版の変化をたどる決定版。

〔白三〇-二〕 定価九二四円

太宰 治作

右大臣実朝 他一篇

悲劇的な最期を遂げた、歌人にして為政者・源実朝の生涯を歴史文献『吾妻鏡』と幽美な文を交錯させた歴史小説。（解説＝安藤宏）

〔緑九〇-七〕 定価七七〇円

……今月の重版再開……

金 素雲訳編

朝鮮童謡選

定価七九二円 〔赤七〇-一〕

金田一京助採集並ニ訳

アイヌ叙事詩 **ユーカラ**

定価一〇一二円 〔赤八一-一〕

定価は消費税 10% 込です　　2022. 8

岩波文庫の最新刊

ヤン・ポトツキ作／畑浩一郎訳

サラゴサ手稿（上）

ポーランドの貴族ポトツキが仏語で著した奇想天外な物語。作者没後、原稿が四散し、二十一世紀になって全容が復元された幻の長篇、初の全訳。（全三冊）

〔赤N五一九-一〕　定価一二五四円

復本一郎編

正岡子規ベースボール文集

無類のベースボール好きだった子規は、折りにふれ俳句や短歌に詠み、随筆につづった。明るく元気な子規の姿が目に浮かんでくる。

〔緑一三-一三〕　定価四六二円

佐藤春夫作

田園の憂鬱

青春の危機、歓喜を官能的なまでに描き出した浪漫文学の金字塔。佐藤春夫（一八九二－一九六四）のデビュー作にして、大正文学の代表作。改版。（解説＝河野龍也）。

〔緑七一-一〕　定価六六〇円

……今月の重版再開……

ロマン・ロラン著／蛯原徳夫訳

ミレー

定価七九二円

〔赤五五六-四〕

テオプラストス著／森進一訳

人さまざま

定価七〇四円

〔青六〇九-一〕

定価は消費税 10% 込です　2022. 9